살아나는 교회를 해부하다

ANATOMY OF A REVIVED CHURCH

Originally published in English in the U.S.A. under the title:
Anatomy of a Revived Church
Copyright © 2022 by Thom S. Rainer
Published by Tyndale House Publishers, 351 Executive Drive, Carol Stream,
IL 60188, U.S.A. All rights reserved.

Korean edition © 2022 by Duranno Ministry with permission of Tyndale
House Publishers. All rights reserved.

살아나는 교회를 해부하다

지은이 | 톰 레이너
옮긴이 | 정성묵
초판 발행 | 2022. 11. 16
7쇄 발행 | 2024. 8. 30
등록번호 | 제1988-000080호
등록된 곳 | 서울시 용산구 서빙고로65길 38
발행처 | 사단법인 두란노서원
영업부 | 02)2078-3333 FAX | 080-749-3705
출판부 | 02)2078-3330

책값은 뒤표지에 있습니다.
ISBN 978-89-531-4363-0 03230

독자의 의견을 기다립니다.
tpress@duranno.com   www.duranno.com

두란노서원은 바울 사도가 3차 전도 여행 때 에베소에서 성령 받은 제자들을 따로 세워 하나님의 말씀으로 양육하던 장소입니다. 사도행전 19장 8-20절의 정신에 따라 첫째 목회자를 돕는 사역과 평신도를 훈련시키는 사역, 둘째 세계선교™와 문서선교 단행본·잡지 사역, 셋째 예수문화 및 경배와 찬양 사역, 그리고 가정·상담 사역 등을 감당하고 있습니다. 1980년 12월 22일에 창립된 두란노서원은 주님 오실 때까지 이 사역들을 계속할 것입니다.

살아나는 교회를
해부하다

왜 그 교회는
부흥하게
되었을까

톰 레이너 지음

정성묵 옮김

두란노

'왜 그 교회는 부흥하게 되었을까?
그 비결들을 발견할 수만 있다면'이라고
고민하는 이들에게…

교회는 그의 몸이니
만물 안에서
만물을 충만하게 하시는 이의
충만함이니라

에베소서 1:23

CONTENTS

part 2

교회들의 소망, 부흥

왜 변해야 하는가

우리 앞에 놓인
피할 수 없는
선택

"너무 늦으셨어요."

한 번도 만난 적이 없는 사람에게 그런 이상한 말을 듣게 되었다. 실제로, 이해할 수가 없어서 "방금 뭐라고 하셨죠?"라고 물었다.

"너무 늦으셨어요."

그의 입에서 똑같은 말이 나왔다. 내가 잘못 들은 것이 아니었다. 그의 얼굴 표정을 보니 농담이 아닌 것이 분명했다. 그는 진지했다. 극도로 진지했다.

콘퍼런스 장소에는 나와 이야기하고 싶어 하는 사람들이 많았다. 그들과도 이야기를 나누고 싶었지만 설명 없이 심각한 표정을 짓고 있는 이 남자 옆을 떠날 수 없었다.

"제가 뭘 너무 늦었다는 건가요?"

"선생님의 책 말이에요. 《죽은 교회를 부검하다》는 책 말입니다. 그 책을 앉은 자리에서 다 읽었지만 너무 늦었어요."

나는 그가 말을 마칠 때까지 기다렸다.

"우리 교회는 이미 죽었습니다. 선생님의 책을 읽기 몇 달 전에 문을 닫았지요. 그 책을 조금만 더 빨리 쓰셨더라면 좋았을 걸요. 왜 우리는 죽음을 피할 수 없을 지경에 이르기 전에 변하지 못했을까요?"

순간, 그의 눈에서 눈물이 보였다. 처음에는 잘못 본 줄 알았다. 하지만 그것은 진짜 눈물이었다.

그는 화가 나 있지 않았다. 그는 상처로 아파하고 있었다. 깊은 상처였다. 그의 교회는 문을 닫았다. 나중에 들어보니 그 교회는 그가 결혼식을 올린 곳이었다. 그의 두 딸도 그곳에서 결혼식을 올렸다. 그곳은 그가 충성스럽게 다녔던 교회였다. 그곳은 그가 마음 깊이 사랑하는 교회였다.

그런 교회가 이제 문을 닫았다. 하지만 그가 선택한 단어는 '죽었다'였다. 그는 그 죽음에 깊이 슬퍼하고 있었다.

나는 그에게 잠시만 기다리라고 말했다. 그와 그
의 교회에 관한 이야기를 더 듣고 싶었다. 하지만 다
른 사람들을 계속해서 기다리게 하는 일은 실례였
다. 다행히 그는 나를 기다려 주었다. 콘퍼런스가 끝
나고 우리는 한 시간쯤 대화를 나누었다.

나는 주로 그의 이야기를 들었다.

변화보다 쉬운 죽음을 선택하다

2005년 5월, 미국 비즈니스 잡지인 〈패스트 컴퍼
니〉(Fast Company)는 앨런 도이치먼(Alan Deutschman)의
글을 표지 기사로 실었다. 그 기사의 제목은 단순하
면서도 심오했다. "Change or Die"(변화 아니면 죽음). 반
응이 워낙 폭발적이어서 도이치먼은 그 기사 제목으
로 책을 집필하였다.

이 기사와 책이 그토록 큰 반응을 얻은 데는 크게
두 가지 이유가 있었다. 첫째, 주제에 대한 도이치먼

의 연구가 매우 꼼꼼하고 철저했다. 둘째, 결과가 매우 흥미로웠다. 그의 핵심 명제는 심오한 동시에 충격적이었다. 큰 변화가 필요하다면 삶과 죽음의 선택 앞에서 대부분의 사람들과 리더들은 그냥 죽음을 선택한다.

잠시 '대부분의 사람들은 변화하느니 죽는 편을 선택한다'는 이 문장에 대해 생각해 보라. 삶의 길이 있고 그 길을 갈 자원도 있고 그 길을 갈 선택권도 있는데 사람들은 필요한 변화를 단행하느니 죽는 편을 선택한다는 것이다.

도이치먼은 그런 주장을 뒷받침해 주는 충격적인 데이터를 제시했다. 예를 들어, 매년 심장 우회수술을 받은 1,500만 명 이상의 환자들 중에 많은 사람이 식습관과 운동 습관을 바꾸기만 해도 건강을 회복할 수 있다. 하지만 90퍼센트는 그 어떤 변화를 위한 노력도 실천하지 않는다.[1] 그들은 죽음을 선택한다.

도이치먼에 따르면 죽음을 선택하는 일은 개인적인 건강의 영역에서만 나타나지 않는다. 그는 많은 리더가 조직의 생존, 나아가 번영을 위해 어떤 변화가 필요한지 안다는 사실을 지적한다. 하지만 그들은 그런 변화를 단행하지 않고, 그 결과 그들의 조직은 죽는다.

이런 사례에서 충격적인 사실이 발견된다. 생존을 위한 자원, 지식, 정보가 없는 것이 전혀 아니다. 이 개인들과 조직들은 당연한 변화, 얼마든지 할 수 있는 변화를 단행하지 않기로 선택한다. 변화하느냐 죽느냐의 선택 앞에서 그들은 죽음을 선택한다.

매년 미국에서 얼마나 많은 교회가 문을 닫는지 정확히 아는 사람은 없다. 하지만 적어도 7,000개가 넘는다고 보는 편이 정확하며, 그 숫자는 점점 늘고 있다. 매일 20개의 교회가 문을 닫고 있다.[2] 그 교회들의 대부분은 죽을 필요가 없었다. 하지만 그 교회들은 죽음을 선택했다.

내 말이 가혹하다는 것을 잘 안다. 하지만 현실이 그만큼 심각하다. 다음 장에서 자세히 설명하겠지만 현실을 받아들이기 전까지는 변할 수 없다.

또 다른 충격적인 현실을 소개한다. 매년 더 많은 교회가 죽음을 향한 길을 걷고 있다. 10년 전에는 전체 교회의 약 10퍼센트만 급격한 하락의 길을 걸었다. 말기 혹은 말기 근처로 진단되는 교회는 전체의 10퍼센트 정도에 불과했다. 하지만 오늘날에는 미국 전체 교회의 19퍼센트가 그 범주에 속한다. 다시 말해, 빈사 상태에 빠진 교회의 숫자가 10년 사이에 35,000개에서 66,000개로 늘어난 것이다.

변하지 않으면 죽는다. 몇 년 전 나는 이 현실을 가까이에서 목격했다. 죽음 직전에 이른 한 교회가 남은 교인들에게 메시지를 전해 달라며 나를 불렀다. 쇠퇴해 가는 교회 건물 안으로 들어가면서 보니 교회 명칭을 적은 팻말이 잡초에 뒤덮여 있었다. 도로에서 교회 명칭을 볼 수 없을 정도였다.

죽음의 징후들이 곳곳에서 감지되었다. 나는 화장실에 들어갈 수가 없었다. 문을 열자 말이 나오지 않을 정도로 더러웠기 때문이다. 성전의 예배실 중 한 곳에는 교인이 세금 감면을 위해 기증한 낡은 피아노 한 대가 놓여 있었다. 한 번도 연주하지 않은 흔적이 역력했다. 그 교회는 쓰레기 매립지보다도 더한 쓰레기장이었다.

하지만 시설보다 더 심각한 것은 교인들의 얼굴 표정이었다. 하나같이 풀이 죽어 있었다. 2-3명 교인의 얼굴에는 분노가 가득했다. 그들은 희망을 잃었다. 최소한 그들은 나를 마지막 희망으로 보고 있었다.

내가 변화에 대해서 몇 마디를 했던 것으로 어렴풋이 기억한다. 그런데 저 뒤쪽에서 한 여성이 내 말을 끊었다. 교회에 남은 교인들은 12명이 채 되지 않았는데 그 여성은 굳이 맨 뒤쪽 좌석에 앉아 있었다.

"스크린은 어쩌고요?"

"스크린이요?"

나는 어리둥절해서 물었다.

"네, 스크린이요."

여성의 목소리에서 점점 분노가 차오르는 것을 느낄 수 있었다.

"이런 것들을 바꾸면 찬송가를 펴지 않고 스크린을 봐야 하는 건가요? 교회에서 스크린이라니, 말도 안 돼요!"

그러자 몇몇 교인들이 고개를 끄덕였다.

나는 프레젠테이션을 서둘러 마쳤다. 그 교인들

은 교회 안에 복음이 충만한 것보다 먼지 쌓인 찬송가가 더 중요하다고 생각했다. 그들은 이미 결정을 내렸다. 그곳에서 더 이상 내 시간을 낭비할 가치가 없었다. 그들은 이미 변화보다 죽음을 선택했다.[3]

변하지 않으면 죽는다. 이런 교회가 수없이 많다. 사실, 미국에서 쇠퇴하는 교회 4개 중 3개는 변하지 않으면 죽을 수밖에 없는 상태이다.[4] 그중에 적지 않은 교회들이 죽음을 향해 달리고 있다. 쇠퇴가 서서히 진행되고 있기는 하지만 변화를 결심하지 않으면 상황이 계속 악화될 수밖에 없는 교회들도 있다.

로버트(Robert)의 교회는 변하지 않으면 죽을 수밖에 없는 교회들 중 하나였다. 결국 그 교회는 죽는 편을 선택했다.

슬프지만 흔한 이야기

로버트는 콘퍼런스에서 만난 남자의 이름이다. 그의 교회는 죽었다. 콘퍼런스 후에 만났을 때 그는 평정을 되찾은 상태였다. 그는 나와 이야기를 나누고 싶어 했다. 나는 내향적인 성격의 소유자이지만 그의 이야기를 듣고 싶었다. 그래서 주로 듣기만 했다.

로버트가 이야기를 시작했다.

"우리 교회는 1961년에 창립했습니다. 저는 20대 때 그 동네에서 직장생활을 했지요. 곧바로 그 교회에 등록했고, 그 교회가 죽을 때까지 함께했습니다."

로버트는 잠시 말을 멈추었다.

"죽을 때까지"라는 말을 하면서 극심히 힘들어 하는 것 같았다. 자신의 교회가 더 이상 존재하지 않는다는 사실이 여전히 비현실처럼 느껴지는 것처럼 보였다.

"그 동네로 이사를 할 때 저는 이미 약혼을 한 상태였어요. 그래서 아내가 좋아하는 교회를 찾고 싶었지요. 아내는 저희 교회를 마음에 쏙 들어 했어요. 얼마나 마음에 들었는지 그곳에서 결혼식을 올리자고 했지요. 교인들은 하나같이 좋은 사람들이었어요. 좋은 교회를 중심으로 그 동네에 자리를 잡고 싶었답니다."

그는 처음으로 자신의 교회가 있던 지역의 명칭을 말했다. 나는 그에게 교회 근처에서 살았는지 물었다.

"네, 그렇습니다. 교회에서 겨우 두 블록 떨어진 곳에 집을 샀어요. 날씨가 궂은 날이 아니면 항상 교회까지 걸어갔죠."

나는 지금도 같은 동네에서 살고 있는지 물었다. 어떤 답이 나올지 예상할 수 있었다.

"아니요. 그곳에서 25년 정도를 살다가 다른 동네로 이사를 갔습니다."

"이유가 뭐죠?"

"음, 그건 그 동네의 집값이 떨어지기 시작했기 때문이죠. 다른 변화들도 있었어요. 아무튼 그 동네에서 계속 사는 것이 좋지 않다고 판단되었어요."

그는 약간 주저하면서 대답했다. 그가 이 질문을 부담스러워한다는 것을 느낄 수 있었다. 그래서 그 문제에 관해서는 조금 뒤에 다른 방법으로 접근하기로 했다. 나는 좀 더 편안한 주제로 넘어갔다.

"자녀들에 관해 좀 이야기해 보세요."

그를 만나고 나서 처음으로 그의 얼굴에서 미소를 보았다.

"자랑스러운 아이들이죠. 하나님은 제게 사라(Sarah)와 미셸(Michelle), 이렇게 두 딸을 선물로 주셨답니다. 둘 다 어릴 적부터 교회를 다녔습니다. 사라는 교회에서 만난 남자와 결혼을 했고, 미셸은 대학 시절에 사귄 남자와 결혼을 했습니다. 둘 다 저의 큰 기쁨이랍니다. 게다가 두 딸은 저에게 5명의 손주를 선물로 안겨 주었지요."

그 기쁨은 내가 누구보다도 잘 안다! 이어서 대화는 내가 원하는 방향으로 흘러갔다.

"가장 슬픈 일은 두 가족이 교회를 떠난 사건이에요. 두 가족이 한꺼번에 떠나지는 않았지만 한 명이 떠나자마자 얼마 지나지 않아 다른 딸애도 떠났어요. 둘 다 다른 동네에 집을 샀지요. 사실, 우리 가족처럼 짧은 시간에 젊은 가족들이 그 지역에서 대거 빠져나갔어요. 어느새 젊은 교인들이 거의 없어졌지요. 우리는 여러 청장년부 목사님들을 초빙해 이 문제를 맡겼지만 별로 바뀐 건 없었어요. 마지막으로,

세 자녀를 둔 젊은 목사님을 초빙했지만 얼마 있지 않아 떠나갔죠. 매번 이번만큼은 완벽한 해법을 찾았다고 생각했지만 하나같이 소용이 없었어요."

나는 '은 탄환'(=특효약 혹은 묘책)이 실패하는 것을 수없이 보았다는 말을 차마 할 수 없었다. 대신, 교회 주변의 상황 변화에 관한 이야기 쪽으로 주제를 전환했다.

"참, 교회가 문을 닫기 직전까지도 많은 교인이 여전히 그 동네에서 살았나요?"

"아니요. 전혀 아닙니다. 사실, 우리 교회의 마지막 5년 동안에는 딱 한 교인만 그 동네에서 살았습니다. 과부였죠. 그럴 수밖에 없었어요. 마을이 하루가 다르게 변하고 있었거든요. 새로 유입되는 사람들은 우리와 꽤 달랐어요. 우리 교인들이 인종주의자였던 건 전혀 아닙니다. 다만, 우리가 아는 사람들은 대부분 타지로 떠났어요. 무슨 말인지 이해하시죠?"

그렇다. 안타깝지만 충분히 이해할 수 있었다.

죽음을 막을 비법

로버트는 대화의 주제를 재빨리 바꾸었다. 그는 몇 해 전 내가 쓴《죽은 교회를 부검하다》에 대한 이야기로 돌아가기를 원했다. 나는 그와 같은 사람들과 수없이 대화를 나눈 뒤에 그 책을 썼다. 나는 죽은 교회들에 대한 수많은 이야기를 들었다. 그 결과, 죽은 교회들의 공통점을 발견했다. 어떤 의미에서 나는 죽은 교회들을 부검했다고 말할 수 있었다.

내가 너무 늦었다는 로버트의 말이 무슨 의미인지 처음에는 정확히 이해할 수 없었다. 그의 말은 내가 좀 더 일찍 그 책을 썼다면 좋았을 뻔했다는 뜻이 아니었다. 그것은 교회가 죽어서 부검을 하기 전에 먼저 문제를 다루기 위한 책이 필요하다는 뜻이었다.

'부검 이전'이라는 책을 써야 한다는 말이 좀 우습게 들렸다. 하지만 그 심정은 충분히 이해할 수 있었다. 그는 죽음을 막아 줄 책을 원했다. 사실상 그는 교회의 회복에 대한 책을 원했다. 나는 처음에는 그 말을 듣고 한 귀로 흘렸다. 그 주제에 관한 책과 자료는 이미 시중에 많았기 때문이다.

하지만 그와 이야기를 나눌수록 그가 다른 이야기를 하고 있다는 사실이 느껴졌다. 교회의 회복에 관한 해법을 제시하는 자료와 컨설턴트와 코치가 많다는 것은 그도 잘 알고 있었다. 그가 말하는 핵심 문제는 이것이 아니었다.

핵심 문제는 해법이 눈에 뻔히 보이는데도 교인들과 리더들이 왜 변화를 선택하지 않느냐 하는 것이었다. 실제로 그는 자기 교회의 잘못된 선택들을 정확히 지적할 수 있었다. 그가 설명할 수 없었던 것은 자신의 교회가 그릇된 선택의 길로 계속해서 갔던 이유이다.

그의 교회는 변화보다 전통을 선택했다. 그의 교회는 변화보다 안위를 선택했다. 그의 교회는 변화보다 취향을 선택했다. 궁극적으로, 그 교회는 변화보다 죽음을 선택했다.

불변의 진리의 변화가 아니다

오해하는 독자들이 있을 줄 안다. 그래서 여기서 내가 말하는 변화는 성경에 기록된 다음과 같은 기초적인 불변의 진리들에 관한 변화가 아니라는 점을 분명히 밝히고 싶다.

· 성경은 하나님의 말씀이다.
· 예수님은 죄인들을 위해 돌아가셨다.
· 예수님은 무덤에서 부활하심으로서 죽음을 이기셨다.
· 그리스도는 유일한 구원의 길이시다.
· 하나님은 성부와 성자와 성령이시다.
· 영원은 현실이다.

이 외에도 불변의 진리가 많다. 이 책은 성경의 진리를 타협하라고 권하는 책이 아니라는 점을 분명히 알아 주기를 바란다. 인간 중심의 변화는 언제나 실패로 끝나게 되어 있다. 교회들의 진정한 변화는 성경의 진리 위에서 기도 가운데 하나님의 능력을 통해서 이루어져야 한다.

우리가 바꿀 수 있는 것이 매우 많다. 더 정확히 말하면, 우리가 '반드시' 바꾸어야 할 것이 매우 많다.

수많은 로버트들

가끔 예외적인 경우를 제외하면 내가 겨냥하는 독자층은 목회자들이다. 하지만 이 책은 세상의 로버트들을 위한 책이기도 하다. 로버트는 평신도 독자들을 위한 책을 써 달라고 부탁했다.

"부검이 필요해지기 전에 우리 같은 교인들을 위한 책을 써 주실 수 없을까요?"

그는 내게 그렇게 물었다.

"'무엇'을 '어떻게' 바꾸어야 할지만이 아니라 '왜' 바꾸어야 하는지를 알려 주세요. 물론 충격적인 소식에도 귀를 기울이겠습니다. 하지만 희망도 주시기를 바랍니다. 교회가 가야 할 더 나은 미래를 보여 주세요. 그 미래로 우리를 질질 끌고 가지 않고 우리를 이끌어 주세요."

이번에도 느낄 수 있었다. 그는 자신의 죽은 교회에 대해 생각하고 있었다. 그는 자신의 교회로 인해 슬퍼하고 있었다.

"새로운 교회를 찾아보고 있지만 한 교회에서 30년이 넘게 뿌리 내리고 살아서 쉽지가 않네요. 슬픔을 이겨 내는 중이랍니다. 아직도 슬픔이 완전히 가시지 않았어요. 하지만 한 가지는 분명히 말씀드릴 수 있어요. 하나님이 저를 어느 교회로 인도하시든 이번에는 절대 같은 실수를 되풀이하지 않을 겁니다. 하나님이 우리 교회의 죽음을 다른 교회들이 살기 위한 자양분으로 사용하실지도 모릅니다."

하나님은 이미 그렇게 하고 계신다. 평신도 독자들에게 묻고 싶다. 기도하고 분별력을 발휘하면서 이 책을 읽겠는가? 하나님께 이 책을 통해 말씀해 달라고 요청하겠는가? 교회가 생존을 넘어 번영할 수 있도록 개인적인 취향과 욕심을 내려놓을 수 있겠는가? 충격적인 현실을 받아들이고 난 뒤에 이제부터 내가 제시할 희망으로 나아갈 수 있겠는가?

희망은 해부를 통해 찾아온다. 우리는 죽음을 향해 가다가 발길을 돌린 수많은 교회를 해부했다. 그리고 그 교회들은 소생했다. 그 교회들은 불가능해 보이는 현실과 교인들 가운데서 회복을 이루었다.

더 단순하게 말해, 그 교회들은 살기로 선택했다. 지금 당신이 무슨 생각을 하는지 정확히 안다. '살기로 선택하지 않을 교회가 어디에 있겠는가.'

하지만 로버트의 교회에 관한 이야기를 벌써 잊었는가? 그 교회는 죽기로 선택했다.

자, 이제부터 살기로 선택한 결과 소생한 교회들을 함께 해부해 보자. 《죽은 교회를 부검하다》와 짝을 이루는 《살아나는 교회를 해부하다》를 시작해 보자.

이 책의 교회들은 살기로 선택했다. 그 선택은 단순하면서도 심오하다. 변할 것인가? 죽을 것인가? 선택은 당신에게 달려 있다.

Questions

1. 지금 당신의 교회를 어떻게 평가하는가? '건강한 교회, 그리 건강하지 않은 교회, 매우 아픈 교회, 죽어 가는 교회' 중에서 어디라고 생각하는가? 그렇게 평가한 이유는 무엇인가?

2. 오늘날 네 교회 중 세 교회가 쇠퇴하고 20퍼센트가 죽어 가는 이유가 무엇이라고 생각하는가?

3. 문을 닫은 교회를 알고 있는가? 그 교회가 왜 문을 닫았다고 생각하는가?

4. '변하지 않으면 죽는다'는 것이 현실인데도 우리가 바꿀 생각조차 하지 않는 영역들이 무엇인지 말해 보라.

5. '건강을 위해 생활 습관을 바꾸지 않는 사람'과 '방식 및 프로그램을 바꾸지 않는 교회' 사이에는 어떤 유사점이 있는가?

죽음을 향해 치닫다가
살아난 교회
들여다보기

PART 1

Anatomy of a
Revived
Church

1

인정과 책임

남 탓을 하는
책임 전가에서
벗어나다

"해부학 시간에 배웠어."

우리 가족은 장남 샘(Sam)이 고등학생일 때 이 말을 수없이 들었다. 샘은 학교에서 해부학 수업을 듣고 해부학에 푹 빠져들었다. 샘은 그 수업 시간에 배운 내용을 우리에게 끊임없이 알려 주었다. 샘이 "해부학 시간에 배웠어"라는 말을 얼마나 많이 했던지, 아이가 무슨 말만 하면 동생들은 "그것도 해부학 시간에 배웠어?"라고 물었다.

때로는 동생들이 그 말을 살짝 비꼬는 식으로 하는 바람에 서로 티격태격하곤 했다(나도 그렇게 비꼬는 식으로 말한 적이 아주 가끔 있었다).

아무튼 나는 샘이 해부학 수업에 매료된 이유를

안다. 해부학은 인간과 동물의 몸의 구조를 자세히 다루는 매력적인 학문이다. 샘은 해부학을 통해 하나님의 피조물들이 가진 놀라운 구조에 대해서 많은 것을 배웠다. 샘은 유기체들의 각 부분이 어떻게 전체를 이루는지를 깊이 이해할 수 있었다.

'해부'는 다른 것들을 분석해 설명하는 것에 대해서도 사용할 수 있는 용어이다. 해부는 교인들의 삶과 교회의 라이프 사이클(Life cycle)을 이해하는 데 특히 유용하다.

나는 1980년대 중반에 이런 유형의 연구를 시작한 뒤로 수많은 교회를 분석해 왔다. 10만 개 이상의 교회에 대한 데이터를 연구한 것으로 기억한다. 적어도 그 교회들을 표면적으로는 분석해 보았다. 그 결과, 교회가 잘하는 점들과 잘못하는 점들에 대한 많은 것을 배울 수 있었다.

그동안 가장 즐거웠던 연구는 죽음을 향해 치닫다가 소생해 지금은 활기차게 살아 있는 교회들을 분석한 것이었다. 나는 이런 교회에 대해 "탈옥한 교회들", "호전된 교회들", "소생한 교회들", "회복된 교회들" 같은 표현을 사용한다.

한편, 나는 앞서 소개한 로버트 같은 사람들에게 자극을 받았다. 로버트는 교회 부검에 관한 내 책에 대해 감사하면서도 교회들이 죽음을 피할 수 있는 방법을 알고자 했다. 특히 그는 자신의 교회가 너무 늦기 전에 그 방법을 알았다면 좋았을 것이라며 아쉬워했다.

비슷한 요청과 질문들에 관해서 고민하던 중에 내가 해야 할 일을 깨달았다. 교회들, 특히 한때 죽음을 향해 치달았지만 이제 잘 살아 있는 교회들을 해부하는 작업을 해야 했다. 바로 이것이 이 책의 목적이다. 각 장은 소생한 이 교회들이 한 것을 해부학의 관점에서 분석한다. 각 장은 소생한 교회 전체를 구성하는 요소들을 조사한다.

첫 번째 요소는 비난과 부정이 아닌 인정과 책임의 문제로 귀결된다. 나는 이 요소가 작용하는 것을 수천 번은 아닐지라도 수백 번은 보았다. 죽어 가는 교회들은 남들을 탓한다. 반면, 소생한 교회들은 책임을 받아들인다. 그렇다면 죽어 가는 교회들은 누구와 무엇을 탓할까? 다음과 같다.

"다른 교회의 잘못입니다"

  그들의 표정은 음울하고 몸의 자세는 긴장되어
있었다. 나의 방문이 반갑지 않은 기색이 역력했다.
중간에서 우리를 연결시켜 준 지인은 테이블에 앉은
세 사람에게 내가 그들의 교회에 도움을 줄 수 있을
것이라고 말했다. 하지만 5분 뒤에 과연 내가 도움이
될 수 있을지 자신이 없어졌다.

  "자, 여러분의 교회에 대해 말씀해 보세요."

  나는 그렇게 시작했다. 당연히, 긍정적인 반응을
기대하지는 않았다.

  "문제가 있어요."

  한 여성이 그렇게 대답했다.

  '다행이군. 최소한 문제가 있다는 사실은 인정하
는군.'

  나는 속으로 그렇게 생각했다.

그녀의 말은 계속되었다.

"같은 동네에 있는 대형 교회가 바로 문제랍니다."

순간, 지금까지의 긍정적이었던 생각이 싹 사라졌다. 이번에는 바로 옆에 앉은 남자가 입을 열었다.

"맞아요. 그 교회가 우리 교회를 주눅들게 하고 있어요. 우리 교회의 주일학교는 그 교회와 상대가 되지 않아요. 그 교회의 예배 시간에는 스모그가 피어오르고 사운드가 정말 대단해요."

나는 "스모그가 문제인가요?"라고 묻고 싶은 것을 간신히 참았다. 거의 30분간 나는 그들이 다른 교회를 비판하며 불평하는 소리를 들어야 했다. 그들의 교회가 지역 사회에 무엇을 투자했다는 말은 한마디도 듣지 못했다. 전도하고 섬겨야 할 책임에 관한 말은 한마디도 듣지 못했다. 모든 것이 다른 교회의 잘못이었다. 다른 교회가 그들이 생각하는 문제의 전부였다.

나는 그 모임을 위해 철저히 준비를 했다. 나는 그들에게 인구통계에 관한 지도를 보여 주었다. 그 교회의 반경 5킬로미터 이내에 17,000명 이상의 사람들이 살고 있었다. 그중 교회에 다니지 않는 사람들은 약 78퍼센트였다.

"보세요. 여러분의 교회 반경 5킬로미터 안에 교회에 다니지 않는 사람들이 17,000명이 넘어요."

나는 큰 소리로 말하고 나서 반응을 기다렸다. 내가 긍정적인 기대감으로 기다렸다고 말할 수 있으면 좋겠지만 전혀 그렇지 않았다. 다른 여성이 대답했다.

"그렇죠. 그런데 그 사람들이 교회를 가도 우리의 교인들을 훔쳐가고 있는 그 대형 교회로 갈 게 뻔해요."

나도 모르게 한숨이 터져 나왔다. 나는 서둘러 모임을 마무리하고 자리를 빠져나왔다.

"예배 형식이 문제입니다"

쇠퇴해 가는 교회의 교인들은 예배 형식이 문제라고 생각하는 경우가 너무도 많다. 쇠퇴해 가는 교회는 대개 전통적인 예배 형식을 유지하고 있으며,

그 교회의 교인들이 주목하는 성장하는 교회들은 주로 현대적인 예배 형식을 갖추고 있다.

쇠퇴해 가는 교회의 교인들과 리더들은 대개 전통적인 예배 형식을 고수하는 것이 충성스러운 일이며 현대적인 교회들은 멸망을 향해 치닫고 있다고 생각한다.

"경건한 찬송가를 절대 현대적인 예배의 시끄러운 음악과 스모그와 바꾸지 않을 겁니다."

한 침례교회의 집사는 내게 그렇게 단언했다. 이번에도 스모그가 문제였다.

대부분의 교인들은 모르지만 현대 음악은 회복의 결정적인 요인이 전혀 아니다. 건강한 현대식 교회들은 지역 사회를 이해하고 섬기려는 열정을 품고 있다. 이것을 상황화(contextualization)라고 부른다.

건강한 교회들 중에는 현대적인 교회도 있고 전통적인 교회도 있으며 전례적인 교회도 있다.

건강하지 못한 교회들 중에도 현대적인 교회도 있고 전통적인 교회도 있으며 전례적인(liturgical) 교회도 있다. 예배 형식은 결정적인 요인도 아니요 변명거리도 못된다. 당신의 교회가 소생하기를 바란다면 예배 형식에 관한 변명은 접으라.

"목사의 잘못입니다"

나는 한 교회에서 컨설턴트로서 해고되었다. 사실 이건 좀 과장된 표현이다. 더 정확히 말하면 나는 그 교회의 컨설턴트로 고용되지 못했다.

나는 그 교회에서 온 7명의 리더들과 대화를 시작했다. 우리는 큼지막한 테이블에 둘러앉아 있었다. 그것은 흔한 요청이었다. 그 교회는 12년째 하락하는 중이었다. 절박해진 교인들은 외부의 도움을 구하기로 결정했고, 그들이 전화를 한 컨설턴트가 바로 '나'였다. 나는 인사를 주고받은 뒤 물었다.

"쇠퇴의 가장 큰 이유가 무엇이라고 생각하시나요?"

잠시 침묵이 흐른 뒤에 테이블에서 가장 나이가 많아 보이는 사람이 입을 열었다.

"그건…"

그는 조심스럽게 말을 시작했다.

"누구를 비난하고 싶지는 않지만 기본적으로는 목사님의 책임입니다."

나는 자세한 설명을 부탁했다.

"목사님이 새로 오시면 예배 형식을 비롯해서 몇 가지를 바꾸려고 했지요. 그리고 심방은 충분히 하지 않았고요. 종종 설교가 너무 길어서 교인들을 힘들게 만들었습니다."

그러자 다들 고개를 끄덕였다. 목사님에 대한 문제에 관한 장황한 토론이 끝난 뒤에 나는 그들에게 내 차트를 보여 주었다.

"여기 있는 이름은 지난 15년간 귀 교회를 거쳐 간 목사님들입니다. 총 5명이었죠. 이 5명은 모두 해고되거나 떠밀려서 교회를 떠나셨더군요. 15년 동안 평균 3년에 1명씩 사임하신 셈이네요. 귀 교회는 부근에서 '목사를 잡아먹는' 교회로 소문이 나 있습니다. 죄송한 말씀이지만 교회의 가장 큰 문제는 목사가 아니라 교인입니다."

결국 나는 컨설턴트로 고용되지 못했다.

"교단의 잘못입니다"

교단에 대한 충성은 약해지고 있지만 교단을 향한 비난은 늘어나고 있다.

물론 특정 교단에 속하지 않은 교회도 많다. 따라서 이런 교회는 여기에 해당되지 않는다. 하지만 수많은 교회가 특정 교단에 속해 있다. 그리고 그중 많은 교회가 교단 관계자들에게 책임을 돌린다.

"교단의 자원이 불충분해."

"교단에서 지원 인력을 보내 주지 않아."

"우리처럼 작은 교회들은 교단에서 신경을 써 주지 않아."

"교단에서 예전처럼 무료 행사를 열지 않아."

이쯤하면 어떤 상황인지 이해가 갈 것이다.

대부분의 교단은 비슷한 교리와 유산을 가진 교회들의 집단이다. 교단은 선교 자금이 전국과 전 세계로 흘러나가는 도관이다. 많은 교단이 신학교나 일반 대학교를 지원하고 있다.

하지만 언제부터인가 많은 교회 리더들이 교단을 개인적인 자원 공급처로 여기기 시작했다. 그리고 많은 교단이 한동안 그런 역할을 해 왔다. 그러다 교단에 대한 충성이 약해지기 시작했고 이런 사업에 대한 자금 지원이 크게 줄어들었다. 그리고 대부분의 교회는 이것을 교단의 잘못으로 여기고 있다.

"지역 사회의 잘못입니다"

예전에는 이런 변명을 들을 때마다 충격을 받았다. 하지만 지금은 그렇지 않다. 이런 변명을 너무도 자주 듣기 때문이다.

몇 달 전에 한 목사와 대화를 한 적이 있다. 그 목사의 말을 최대한 기억해서 인용해 보겠다.

"이 동네는 제가 처음 왔던 12년 전과 완전히 달라졌어요. 그때 우리 교회는 프로그램과 사역으로 주변 사람들을 끌어당기는 자석과도 같았지요. 우리가 뭔가를 선언하면 사람들이 교회로 몰려왔어요."

나는 당연히 이렇게 물었다.

"그 뒤로 어떻게 된 거죠?"

그러자 목사는 설명하기 시작했다.

"어떤 일이 일어났냐면, 지역 사회가 변하기 시작했어요. 많은 교인이 다른 동네로 이사를 갔죠. 물론 대부분이 먼 곳에서도 계속해서 우리 교회에 출석했습니다. 문제는 새로 유입된 사람들이 우리 교인들과 같지 않았다는 겁니다. 그 사람들은 우리 교회에 전혀 관심이 없었어요. 도무지 이해할 수가 없어요. 우리는 찾아오는 사람은 무조건 환영하거든요. 그리고 그 사람들이 우리 교회가 이곳에 있다는 것을 모를 리도 없어요. 현관 앞의 저 거대한 흰색 기둥을 어떻게 모를 수 있나요?"

나는 안타까운 심정으로 이렇게 말했다.

"사람들이 교회로 오기를 기대하지 말고 교회가

지역 사회로 나가야 하지 않을까요?"

그러자 목사는 다소 언짢은 투로 대답했다.

"그렇지 않아요. 저들은 우리에게 관심이 일절 없어요. 이 교회가 죽는다면 그것은 다 지역 사회 탓이에요."

아니다. 그것은 그 교회의 탓이다.

"인구통계의 문제입니다"

이런 책임 전가의 길은 여러 방향으로 뻗어갈 수 있다. 그중 하나는 비신자가 많지 않다고 불평하는 것이다. 동네에 교회가 너무 많고 교회를 다니려는 사람들은 이미 모두 자신에게 맞는 교회를 찾았다는 불평을 수없이 들었다. 그 불평은 하나같이 체념의 어조를 담고 있다.

"전도할 사람이 없는데 어떻게 전도를 하나요?"

나는 30년 넘게 교회들을 도와왔다. 그런데 전도할 사람이 1명도 없는 동네에는 단 한 번도 가본 적이 없다. 인구가 적다는 핑계를 대는 교회가 많다. 자신의 지역에 사람이 많지 않다는 핑계를 대는 교회는 많다.

물론 나는 인구가 적은 시골 동네를 많이 가보았다. 그래서 시골 교회의 어려움을 충분히 이해한다. 시골 교회들은 큰 규모로 성장하기가 쉽지 않다. 하지만 어느 곳에든 전도할 대상은 있다.

최근 가장 보람 있었던 대화 중 하나는 반경 10킬로미터 이내에 약 400명이 사는 작은 동네의 목사와 나눈 대화이다. 이 정도면 인적이 정말 드문 곳이다. 그 교회의 비관론자들은 그 목사에게 평균 45명의 출석 교인 숫자만 유지해도 잘하는 것이라고 말했다.

하지만 그 목사는 포기하지 않았다. 그는 창의적이고 다양한 방법으로 지역 주민들에게 다가갔다. 그러자 주민들이 반응했다. 주민들은 교회의 관심을 피부로 느꼈다. 5년 뒤, 교회의 평균 출석 교인의 수는 95명으로 늘어났다. 이제 그 시골 동네에서 거의 4명 중 1명이 주일에 그 교회로 찾아온다. 인구통계는 전혀 문제가 아니다.

책임을 받아들인 교회

변하지 않으면 죽는다. 교회 건물 안팎의 사람들을 섬기라는 하나님의 소명을 받아들이지 않는 교회는 쇠퇴를 넘어 죽음으로 갈 수밖에 없다. 하지만 지상대명령과 대계명을 따르는 교회는 생존을 넘어 번영하고 성장한다.

'처치앤서즈'(Church Answers)는 쇠퇴와 죽음의 길에서 벗어나 생명과 성장의 길로 들어선 교회들을 해부했다. 그 결과, 회복 초기에, 아니, 회복이 가시화되기 전에 나타나는 한 가지 공통점을 발견했다. 그것은 몇몇 리더들이 남들과 여타 상황들을 탓하는 행동을 하나님의 능력으로 멈춘 것이다. 그들은 자신의 불순종에 대해 스스로 책임을 졌다. 그들은 책임 전가가 아무런 도움이 되지 않고 상황만 악화시킨다는 사실을 깨달았다.

뉴저지 주의 한 목사는 교회에 다니지 않는 주민들을 만나기 위해 일주일에 5시간씩 사용하기 시작했다. 곧 한 사람이 그 노력에 동참했다. 그 다음에는 8명이 합류했다. 그 10명은 교회 밖에 초점을 맞추고 지역 사회로 나가 복음을 전하고 사람들을 섬겼다.

노스캐롤라이나 주에 있는 한 초교파 교회에서 3명의 여인은 교회의 쇠퇴를 목사와 교역자와 게으른 교인들의 탓으로 돌리기를 멈추었다. 대신 그들은 자신들의 교회에 하나님의 능력이 임하기를 간절히 기도했다. 그들은 매달 두 번씩 만났고, 앱을 통해 매일 정해진 시간에 함께 기도를 했다. 4년이 지난 지금, 그 교회는 회복의 기미를 보이고 있다. 회복의 길은 느리고 힘들었지만 남들에게 책임을 돌리는 모습은 완전히 사라졌다.

플로리다 주의 한 교회 교인들은 자신들의 교회가 11년 연속 쇠락해 가는 모습을 무기력하게 지켜만 보았다. 죽음을 피할 수 없다고 판단했다. 교회의 회복을 이끌어야 할 목사들은 1-3년 사이에 포기하고 떠나갔다. 좌절감은 점점 높아져만 갔고, 교회 안에는 서로를 향한 손가락질이 난무했다.

교회의 몰락과 서로를 향한 비난에 신물이 난 나이 많은 5명의 교인은 교회를 긍정적인 방향으로 이끌어 달라고 하나님께 간절히 기도하기 시작했다. 그들은 일면식도 없는 지역 주민들을 사랑으로 돌봐줄 방법을 찾기 시작했다. 그들은 예수님의 손과 발과 입이 되었다.

3년 뒤 그 교회는 긍정적인 방향으로 돌아서기 시작했다. 극적인 성장은 나타나지 않았지만 생명의 징후가 뚜렷이 보였다. 두려움이 물러가고 소망이 찾아왔다. 책임 전가는 순종에 자리를 내주었다.

그들 중 한 명은 이렇게 말했다.

"3년 전에 누구라도 우리 교회에 희망이 있다고 말하면 말도 안되는 소리라고 했을 겁니다. 하지만 지금은 기적이 일어났습니다."

다른 사람이 문제가 아니다. 교회 주변의 상황이 문제가 아니다. 소생한 교회들을 해부한 결과 우리는 비난의 말이 소망과 격려와 섬김과 가능성의 말로 바뀐 것을 발견했다.

해부의 첫 번째 결과는 분명하다. 이 교회들의 리더들과 교인들은 책임을 받아들였다. 하나님의 능력으로 그들은 전진했다. 다른 사람을 탓하며 책임을 돌리던 모습이 온데간데없이 사라졌다.

Questions

**소그룹에서
함께 나눌
질문들**

1. 사도행전 6장 1-7절을 읽으라. 예루살렘 교회는 어떻게 책임 전가에서 벗어나 순종으로 나아갔는가?

2. 사도행전 6장 1-7절, 특히 7절을 다시 읽어 보라. 그들이 순종함으로 나타난 결과들은 무엇인가?

3. 당신이 본 바로, 교회들에서 어떤 식의 책임 전가가 흔히 나타나는가?

4. 교인들과 교회 리더들이 책임을 받아들였다는 것은 무슨 뜻인가?

5. 이 책에서 소생한 교회에 대한 해부를 통해 발견된 사실들 중 책임 전가를 가장 먼저 다룬 이유는 무엇이라고 생각하는가?

2

전통의 함정 벗어나기

전통을 위한 전통을
내려놓기
시작하다

레온(LEON).

이것은 우리 가족이 가장 좋아하는 성탄절 전통 중 하나이다. 무슨 말인지 설명해 보겠다.

우리는 3명의 아들이 태어난 뒤로 가족만의 특별함을 만들기로 했다. 성탄절 장식 중 하나를 각각 다른 철자가 새겨져 있는 4개의 도자기 블록으로 꾸몄다. 각각 여섯 면에는 L과 E와 O와 N이 새겨져 있다.

원래 이 성탄절 장식은 노엘(NOEL)로 표시되어야 한다. 하지만 아이들은 주로 벽난로 위에 놓인 이 장식의 철자를 바꾸는 일에 재미를 느꼈다. 이 장식이 노엘로 표시가 되는 경우는 거의 없었다. 가끔은 '로운'(LONE)이나 '오넬'(ONEL)이 되었지만 대부분의 경우에는 '레온'(LEON)이 되었다. 이렇게 레온은 우리 가족의 성탄절 전통 중 하나가 되었다.

그러다 비극이 닥쳤다. 손주 중 1명이 블록 중 하나를 잡고서 놓지 않았다. 대부분의 손주들은 망가뜨리는 은사를 갖고 있다. 이 녀석도 예외는 아니었다. 블록은 세 조각이 났다. 이렇게 우리 가족의 전통은 갑자기 끝이 났다. 적어도, 다음해 성탄절까지는 중단되었다.

아내는 사라진 레온으로 인한 아이들의 실망한 표정을 그냥 보고만 있을 수 없었다. 아이들은 아주 크게 실망했다. 결국 이듬해 성탄절에 망가진 블록은 본드의 힘으로 되살아났다. 이렇게 레온이 돌아왔다. 전통은 계속되었다.

우리 가족이 전통을 즐긴다고 해서 구제불능의 죄인인가? 우리가 이 전통을 즐긴다고 해서 재로 뒤덮인 베옷을 입고 회개해야 하는가?

물론 아니다. 전통은 악이 아니다. 아니, 전통은 긍정적인 메시지와 유산을 대대로 전해 주는 유익한 역할을 한다.

전통은 본질적으로 악이 아니다. 하지만 전통에 집착하면 그것은 우상 숭배로 전락한다. 사람들에게 복음을 전하고 지역 사회를 섬기며 세상을 변화시키는 일보다 전통이 더 중요해지면 문제이다.

그럴 때 교회는 전통의 함정에 빠진다. 일관성을 경건한 것으로, 변화를 악으로 여기게 된다. 사실상 전통이 예배의 대상으로 변한다.

문제와 분열을 일으키는 전통 10가지

몇 년 전 나는 교회 리더들과 교인들에게 자신들의 교회에서 가장 큰 문제와 분열을 일으키고 있는 전통이 무엇인지 묻는 광범위한 조사를 벌였다. 대부분의 대답은 예상한 것들이었지만 두어 가지 대답은 전혀 뜻밖이었다. 가장 자주 나온 대답은 회중 예배와 관련이 있다. 실제로, 우리는 늘 하던 예배 방식에 강한 감정적 애착을 갖고 있다.

예배 음악과 형식

예배 형식에 대한 전쟁은 꽤 잦아들었지만 아직 끝나지 않았다. 전통적인 음악과 현대 음악 사이의 오랜 논쟁은 여전히 실마리가 풀리지 않았다.

내가 아는 한 교회에서는 1990년대 음악을 너무 많이 사용한다는 이유로 논쟁이 벌어졌다. 1990년대 음악도 충분히 전통적인 음악이지만, 그곳의 많은 교인은 1950년대와 1960년대 음악만이 하나님의 음악이라고 믿었다.

참으로 안타까운 일이다. 적지 않은 교회들이 성경보다 음악적 취향을 더 단단히 부여잡고 있다.

예배 순서

그 교회의 집사들은 담임목사 해임 문제를 위해 모였다. 목사가 헌금 순서를 예배의 중간에서 끝으로 옮긴 것이 사건의 발단이었다. 농담이 아니다.

나는 그 운명의 모임 전에 중재를 요청받았다. 갈등의 원인을 듣고 큰 소리로 웃었다. 비웃으려는 것은 아니었다. 그것이 농담인 줄 알았다.

"담임목사 해임에 관해서 논하기 위해 집사님들이 모이신다고요? 이유는 목사님이 헌금 순서를 예배의 맨 뒤로 옮겼기 때문이라고요?"

내 질문에 그 모임의 회장은 그렇다고 대답했다. 그는 예배 중에 이루어진 여러 변화 중 이것만큼은 용서할 수 없는 죄라고 말했다. 그 회장에게 이것은 도저히 용서할 수 없는 죄였다.

"헌금 순서를 맨 마지막에 둔다는 것은 있을 수 없는 일입니다."

그는 더없이 진지한 표정으로 말했다. 좋은 소식은 집사들이 그 모임에서 담임목사 해임을 표결에 부치지 않기로 했다는 것이다. 대신 그들은 그 '죄'에 대해서 목사에게 엄중히 경고했다.

나쁜 소식은 담임목사가 약 5개월 뒤 다른 교회에서 연락을 받자마자 떠나갔다는 것이다. 최악의 소식은 7년 뒤 그 교회가 거의 문을 닫기 직전까지 이르렀다는 것이다.

예배 시간

오랫동안 많은 사람이 주일 오전 11시를 예배를 위한 신성한 시간, 아니 '유일하게' 신성한 시간으로 여겨 왔다. 사실, 처음 예배가 시작될 당시의 오전 11시는 매우 합리적이었다. 기원은 불확실하지만 가장 설득력 있는 설명은 그 시간이 농경 사회에서 시작되었다는 것이다. 농부들은 교회에 가기 전에 먼저 밭일을 마쳐야 했다. 그래서 11시가 적정했다.

하지만 어떤 교회들은 다른 시간대를 고수해 왔다. 한 나이가 지긋한 교인은 교회 컨설팅 중 내게 이렇게 말했다.

"나의 오전 8시 예배 시간을 빼앗지 마세요."

'나의 예배 시간'이라는 표현은 많은 것을 말해 준다.

목사의 역할

목사가 모든 교인을 만족시키기 위해서는 3가지 능력이 필요하다. 전지와 편재와 전능이다. 이것이 목사의 기본 능력이다. 목사라면 모든 것을 알고, 모든 곳에 있고, 모든 것을 할 수 있어야 한다.

많은 교인이 목사에게 적정 수준 이상의 기대를 한다. 그 기대의 대부분은 전통의 함정에 속한다. 너무도 많은 교인이 목사를, 봉사의 일을 위해 남들을 훈련시키는 사람이 아니라 모든 봉사의 일을 '직접' 하는 사람으로 본다(엡 4:11-12).

목사의 역할에 관한 이런 비성경적인 시각은 불합리한 기대들로 이루어진 전통을 낳는다. 목사는 모든 교인을 만족시킬 수 없다. 목사는 모든 곳에 있을 수 없고 독심술을 펼칠 수 없다. 이런 전통을 고수하는 교회들에서 흔히 들리는 말은 "그러라고 월급을 주는 것이다"이다.

물론 이것은 비성경적이고 무정하고 무례한 말이다.

교회 위원회들의 역할과 기능

대부분의 교회 위원회들은 처음에는 건강한 역할을 한다. 이런 위원회는 특정한 시기에 실질적인 필요로 인해 분명한 기능을 위해 만들어진다. 하지만 시간이 지나면 본래의 목적을 잃고 단순히 모임 자체가 목적이 된다. 단순히, 늘 모여왔다는 이유로 계속해서 모인다.

아무런 목적 없이 모인 위원회에 앉아 있자면 안타까우면서도 흥미롭다. 나는 교회 컨설턴트로서 그런 자리에 수없이 앉아 보았다. 이런 위원회는 목적이 없을 뿐 아니라 정해진 시간을 어떻게든 채운다. 예컨대 시간이 90분으로 정해지면 90분을 꼬박 채운다. 실로 시간 낭비요 정력 낭비이다.

설상가상으로 어떤 위원회들은 교회의 통제광들을 끌어들인다. 통제광들은 위원회를 권력과 영향력의 기반으로 활용하려고 한다. 위원회가 사라지면 정체성과 통제력을 잃기 때문에 위원회를 없애기는 쉽지 않다.

더 안타까운 사실은 전통적으로 유지되어 온 불필요한 위원회들이 복음 사역을 위해 더 유익하게 사용할 수 있는 시간을 버린 것이다. 수많은 교회가 위원회의 구조와 관련된 전통의 함정에 빠져 있다. 어떤 교회에서는 위원회의 숫자가 새로운 신자보다도 더 빨리 늘어난다.

사역과 프로그램

나는 교회 컨설턴트로서 그 교회의 몇몇 리더들을 인터뷰하고 있었다. 그날의 대화는 많은 생각을 하게 만들었다. 이번에는 장로회 회장을 만났다. 그는 자신의 교회에서 가장 시급한 일이 전도에 더 집중하는 것이라고 공언한 바 있었다.

나는 그가 마음에 들었다. 그의 마음은 선했고 그의 진단은 정확해 보였다. 그런데 나의 한 질문으로 그의 문제점이 드러났다.

"이 교회에서 왜 전도가 약해졌다고 생각하십니다. 더 효과적인 전도를 위해 어떻게 해야 할까요?"

그는 예전의 프로그램으로 답했다. 그런데 그것은 30년 전에는 효과적이었지만 오늘날 상황에는 맞지 않는 프로그램이었다. 그는 그 프로그램이 오래전에 통했기 때문에 지금도 통할 것이라고 생각했다.

나는 그 프로그램을 잘 알고 있었다. 그것은 특정한 시대에 특정한 상황을 위해 고안된 프로그램이었다. 그 프로그램이 오늘날에도 통할 것이라고 생각하는 교회는 어디에도 없었다. 시대와 상황은 변했다. 물론 그 교회에서 전도의 활성화가 시급한 것은 사실이었다. 하지만 30년 전에 이미 효과가 사라진 프로그램은 답이 아니었다.

그 장로의 해법은 지상대명령에 대한 순종이 아니라 특정 프로그램이라는 전통에 대한 집착이었다.

교회 건물

그 교회의 건물은 잘 눈에 띄지 않았다. 깊숙이 숨겨져 있어서 동네 사람들은 대부분 그 교회의 존재를 몰랐다. 그래서 그 교회는 이사를 해야 했다.

그리고 실제로 그 교회는 이사를 할 수 있었다. 자금도 있고 땅도 있었다. 그 땅도 그 동네 안에 있었을 뿐 아니라 더 눈에 잘 띄고 사람들이 다니기 편한 곳이었다.

그런데 문제가 있었다. 교인 대다수가 이사를 원치 않는다는 것이다. 그 심정은 충분히 이해가 간다. 적지 않은 교인들이 그 옛 건물에서 결혼식을 올렸다. 그곳에서 세례를 받은 교인들도 많았다. 그곳에서 가족의 장례를 치른 교인들도 있었다.

충분히 이해한다. 하지만 이사는 해야만 했다. 마침내, 정부가 개입해서 그 교회를 이전시켰다. 정부가 건설하려는 새로운 고속도로가 기존 교회 건물 한복판을 통과해야만 했다. 그 교회는 처음에는 저항했다. 하지만 소송에서 졌고, 어쩔 수 없이 이사를 해야만 했다. 이것은 교회가 외부 요인에 의해 좋은 쪽으로 변화한 드문 사례 중 하나이다.

대부분의 교회들은 건물이라는 전통을 붙잡고 놓지 않는다. 어떤 교회들은 문을 완전히 닫은 후에야 그 손을 놓는다.

교회 안의 특정한 공간들

한 교회가 지역 주민들을 전도하기 위해 예배당 안에 헬스클럽을 열었다. 그런데 10년 뒤, 그 헬스클럽은 교인들만 이용할 수 있게 되었다. 그들만의 전통이 자리를 잡았다. 동네 주민들이 헬스클럽 시설을 자꾸만 망가뜨린 것이 이유였다.

또 다른 교회는 비싸게 지은 별관을 결혼식에만 사용한다는 전통을 만들어 냈다. 그 공간은 1년에 평균 3번 정도만 사용되었다. 나중에는 성전과 관련해서도 수많은 전통이 생겨났다.

"응접실에서 커피를 마시는 건 좋지만 감히 커피를 들고 성전에 들어올 생각은 하지 마시오!"

성전에서 음료와 음식은 금물이라는 표지가 곳곳에 붙어 있다. 물론 이것은 좀 과장이기는 하지만 무슨 말인지 이해했을 것이다. 이런 전통은 교회의 성장을 크게 저해할 수 있다.

회의

회의 횟수와 분열 정도는 정비례하는 것처럼 보인다. 월례회의 전통은 교회의 불평꾼들을 끌어들인다. 그들은 월례회를 공개적으로 불평할 수 있는 기회로 여긴다.

나는 월례회가 좋은 목적으로 시작되었다고 믿는다. 하지만 언제부터인가 월례회는 갈등과 다툼의 장으로 전락했다.

교역자의 직함

원래 나는 이 문제를 전통의 함정으로 생각하지 못했다. 하지만 조사 후에 이 문제를 10가지 함정 목록의 마지막 항목으로 포함시켰다. 한 목사는 내게 교역자의 직함을 교육 목사에서 제자 훈련 목사로 바꾸었다가 해임될 뻔했다고 고백했다. 어떤 교회에서는 교역자의 직함 자체가 하나의 전통이 되어 버렸다. 때로는 교역자 자신이 이 전통을 옹호하기도 한다.

많은 교회에 많은 전통이 존재하는데 그중 적잖은 전통이 함정이다. 이런 전통에서 벗어나 더 건강한 상태로 나아간 한 교회를 살펴보자.

전통의 함정 내려놓기

회복은 기도에서부터 시작되었다. 그 교회는 교회 안에서 24시간 동안 집중적으로 기도하는 시간을 정했다. 최소 3명 이상의 교인들이 항상 참석했다.

두 사람은 각기 별도의 공간에서 기도를 했고, 다른 한 사람은 경비 차원에서 교회를 지켰다.

약 160명의 전체 교인 중 100명 정도가 24시간 기도회에 참석했다. 그들은 꾸준히 참석해 집중적으로 기도했다. 각 참여자는 기도 가이드에 따라 1시간 동안 기도했다. 가장 나이가 많은 참여자인 92세 할머니는 새벽 2-3시 시간대를 맡았다. 할머니는 다른 교인들에게 본이 되기를 원했다. 그녀의 말은 많은 것을 말해 준다.

"1시간 동안 깨어서 기도할 수 있을 자신이 없었는데 그 시간이 순식간이 지나갔답니다."

"혹시 그 시간과 관련해서 하고 싶은 말씀이 있나요?"

그러자 그녀는 숨도 쉬지 않고 대답했다.

"네, 있어요. 우리 교인들은 전통에 관해 한 가지 질문을 던졌어요. 우리가 자신의 안위나 틀이나 취향에 따라 붙잡고 있는 것이 없는지를 물었지요. 이 질문에 관해서 많은 교인에게 의견을 들었답니다. 그 결과는 놀라웠죠."

"어떤 일이 일어났나요?"

그녀는 진지한 표정으로 대답했다.

"우리가 교회 안에서 하는 모든 일을 되돌아보기 시작했어요. 그 결과, 우리가 취향에 따라 고수하고 있는 전통이 꽤 있다는 것을 깨달았죠. 심지어 어떤 전통들은 지역 사회의 복음화에 방해가 되고 있었어요. 우리는 전통을 위한 전통을 내려놓기 시작했답니다."

이 교회에 대한 해부 결과, 그 과정이 쉽지 않았다는 사실을 알게 되었다. 하지만 하나님은 그 교인들의 열린 손과 마음을 기뻐하셨다. 그 교회는 나, 내 것이라는 불경한 삼위일체를 숭배하는 일을 멈추었다.

그 결과 그 교회는 변했다. 더 좋은 쪽으로 변했다. 교회의 초점은 내부에서 외부로 바뀌었다. 그러자 주민들이 천천히, 하지만 꾸준히 교회로 찾아오기 시작했다. 교회는 회복되었다. 눈부신 성장이 나타난 것은 아니었지만 20년 이상 지속되던 점진적인 하락세가 꺾였다.

그 교회는 회복되었다. 하나님은 교인들을 포함해서 많은 사람이 절망적이라고 말했던 교회 안에서 놀라운 역사를 행하셨다. 이제 그 교회의 초점은 더이상 '항상 해 오던 방식'이 아니다. 그 교인들은 전통의 우상을 내려놓고 하나님이 행하시려는 일에 마음을 열었다. 그 과정은 쉽지 않았지만 하나님은 그들의 노력에 복을 더해 주셨다.

이 이야기의 놀라운 점은, 이 일이 인간의 기대를 완전히 뛰어넘는 것이지만 불필요한 전통을 내려놓기만 하면 어떤 교회든 할 수 있다는 점이다. 우리가 우상을 버리면 하나님은 우리 안에서 놀라운 역사를 시작하신다.

Questions

**소그룹에서
함께 나눌
질문들**

1. 어떻게 교회 안의 전통이 우상이 될 수 있는가?

2. 외부 사람이 당신의 교회를 보면 몇 주 안에 어떤 전통들을 발견할 수 있을까? 몇 가지만 적어 보라.

3. 그중 어떤 전통들이 진정한 하나님 중심의 목적이 아닌 교인들의 취향을 더 반영하고 있는가?

4. 개인적으로 당신에게 가장 큰 의미가 있는 전통은 무엇인가?

5. 전통이 어떻게 교회를 쇠퇴로 이끌어 가는 함정으로 변질되는가?

3

바른 지표 세우기

숫자가 목표가 아닌
바른 측정을 위한
점수판을 만들다

손자 조슈아(Joshua)를 축구 시합 장소로 데려다 준 적이 있다. 그때 녀석은 내게 한 가지 부탁을 했다. 골 득점을 세어 달라는 것이었다.

아이들끼리의 축구 시합이라 점수판이 없었다. 그리고 (아마도) 점수를 세는 사람이 아무도 없었다. 손자는 그 규칙이 마음에 들지 않았다. 사실, 대부분의 부모들과 선수들은 그 규칙을 어겼던 것으로 보인다.

많은 사람이 몰래 점수를 셌다. 물론 손자는 이 할아버지의 경쟁적인 성격을 잘 알기 때문에 부탁하지 않아도 내가 점수를 셀 것이라고 생각했을 것이다. 하지만 녀석은 스스로도 점수를 알기를 원했다.

그래서 점수를 세어서 알려 달라고 간곡히 부탁했다. "점수를 세지 않으면 뭣 하러 경기를 해요?"

녀석은 팀 동료들에게 할아버지가 점수를 세서 나중에 알려 줄 것이라고 말했다. 시합이 시작되고 10분쯤 지나자 녀석이 사이드라인 밖에 있는 나를 보며 점수를 꼭 세라고 눈짓을 했다. 그렇다. 우리는 점수를 세고 숫자를 확인하는 데 너무 집착할 때가 있다. 경쟁심이 너무 심해서 스포츠 본래의 즐거움을 잃어버릴 수 있다.

교회에서도 숫자에 너무 집착해서 우리의 진정한 목적을 망각할 수 있다. 실제로, 많은 교회가 숫자에 지나치게 집착하던 시절이 기억난다. 그때는 많은 사람이 수적 성장으로 교회의 가치를 매겼다. 그런 시대가 저물어가고 있어서 얼마나 다행인지 모른다.

하지만 추가 너무 반대쪽으로 기울었다. 어떤 식으로든 숫자를 따지는 사람들이 눈총을 받는 시대가 되었다. 하지만 이런 변화는 오히려 교회에 해롭다. 숫자를 아예 세지 않는 것은 책임감이 없는 것이다.

자, 소생한 교회들에 대한 우리의 해부 결과, 발

견된 놀라운 사실을 공개하겠다. 소생한 교회들은 숫자를 센다. 그런 교회에는 점수판이 있으며, 그중 많은 교회가 점수판을 확장했다.

현 상태를 알 수 있는 새로운 점수판

분명히 짚고 넘어가자. 소생한 이 교회들의 리더들은 가만히 앉아 있다가 갑자기 현실을 마주하고서 숫자를 세기로 결정한 것이 아니다. 그들은 교회의 방식을 바꾸기로 의식적인 결정을 내렸다. 그들은 내부에서 외부로 초점을 이동하기로 의식적으로 결정했다. 그러고 나서 그런 변화가 효과적인지 판단하기 위해서 숫자를 세기 시작했다.

소생한 이 교회들의 놀라운 점은 '무엇'을 '어떻게' 세기로 결정했는지에 있다. 이 교회들 대부분은 최소한 두 가지 척도를 철저히 추적했다. 4-5개의 척도를 추적한 교회들도 있다. 소생한 교회들이 숫자를 센 영역들 중 가장 공통적인 영역들을 살펴보자.

예배 출석 교인의 수

출석 교인 숫자는 오늘날 교회들에서 가장 흔한 척도가 되었다. 대부분의 교회들에서 출석 교인 숫자는 주일 오전 예배에 출석하는 모든 사람이다. 교회에는 오지만 주일 예배에는 참석하지 않는 어린아이들을 포함한다. 이 아이들은 주일에 주일학교나 유아실에서 시간을 보낸다. 정확히 집계하면 각 사람을 한 번만 세어야 한다. 주일에 두 예배에 참석하는 찬양 팀의 싱어는 한 번만 센다.

물론 무엇을 어떻게 셀지에 관해서 너무 기술적인 측면으로 들어갈 수 있다. 여기서 나의 목적은 방법론에 집착하는 것이 아니라 단지 유용한 방법들을 소개하는 것이다.

소생한 교회와 점수에 관한 이야기로 돌아가 보자. 이 교회들은 어느 날 갑자기 출석 교인 숫자를 세기로 결정했고, 그 뒤로 얼마 있지 않아 회복되었을까? 전혀 그렇지 않다.

다시 꿈을 꾸기 시작한 미국 남서부의 한 교회를 소개한다. 이 교회의 리더들은 교회에 문제가 있다는 점을 감지했다. 출석률과 열심이 서서히 줄어든 것이 눈에 들어왔다. 이에 리더들은 매주 예배 출석 숫자를 눈여겨보았지만 흐름을 찾아내지 못했다.

그들은 나와 내 컨설팅 그룹에 연락해 왔다. 교회를 향한 그들의 사랑이 존경스러웠다. 컨설턴트에게 전화를 건 용기가 존경스러웠다. 그들은 잘못된 것을 알았지만 문제가 정확히 무엇인지 진단할 수 없었다. 그들의 시각은 데이터와 흐름에 대한 깊은 이해가 아닌 직관을 바탕으로 하고 있었다. 그래서 도움을 구했다.

나는 매우 기본적인 방법을 사용했다. 그것은 바로 숫자를 세는 것이었다. 먼저 그 교회의 10년간 평균적인 출석 교인 숫자에 관한 데이터를 입수했고, 기본적인 수치를 그래프로 보여 주었다. 하락세는 가파르지는 않았지만 10년간에 걸친 흐름은 충격적이었다. 한 장로의 표현을 빌자면 '숨이 턱 막히는' 결과였다. 실제로 그들이 출석 교인 숫자의 흐름을 보았을 때 곳곳에서 "헉"이란 소리가 터져 나왔다. 다행히 그 리더들은 두려움에 사로잡히거나 포기하지 않았다. 다만 나쁜 소식을 받아들이기까지 며칠이 걸렸을 뿐이다.

그 이후 놀라운 일이 벌어지기 시작했다. 그 리더들은 교회의 사역에 관해 다시 꿈을 꾸기 시작했다. 그들은 주변 사회를 섬기는 사역을 진지하게 받아들이기 시작했다. 그들은 내부에서 외부로 초점을 바꾸기 위한 의식적인 노력을 하기 시작했다.

내 눈앞에서 변화가 일어나는 것을 볼 수 있었다. 6개월간의 컨설팅이 끝나기 전, 그 교회가 옳은 방향으로 이동하기 시작한 것을 확신할 수 있었다. 그리고 그 확신은 이후 2년 동안 확인되었다.

그런데 그 교회는 어떻게 옳은 궤도를 계속 유지할 수 있었을까? 이전의 냉담과 문제로 돌아가지 않도록 어떤 지표들을 사용했을까?

그렇다. 그 교회는 출석 교인 숫자의 흐름을 계속해서 철저히 추적했다. 그 교회의 리더들은 교회가 외적인 초점을 새롭게 회복해 지역 사회가 그에 반응하고 있다는 것을 확인하는 자료로서 출석 교인 숫자가 좋은 지표라고 판단했다.

그들이 하지 '않은' 것에도 주목할 필요성이 있다. 그들은 출석 교인 숫자를 늘려야 한다고 말하지 않았다. 그들은 수적인 반등을 이루어야 한다고 말하지 않았다. 대신, 그들은 다시 꿈을 꾸고 지역 사회로 나아갔다.

단, 그들은 책임성을 위해 숫자를 세었다. 출석 교인 숫자가 줄어든다면 지역 사회에 다가가기 위한 그들의 노력이 효과적이지 못하다는 뜻이었다. 그런 경우에는 기도하면서 필요한 변화를 단행했다. 미묘한 차이가 눈에 들어오는가? 그들은 숫자 자체를 위해서 숫자를 세지 않았다! 그들은 자신들이 옳은 방향으로 잘 가고 있는지 확인하기 위해서 숫자를 세었다. 그들은 책임성을 위해 숫자를 세었다.

우리는 소생한 교회들을 조사할 때마다 숫자를 진지하게 여기는 모습을 확인할 수 있었다. 그 교회들은 점수판의 중요성을 보았다. 출석 교인 숫자는 그 교회들이 집중적으로 관리한 점수였지만 그 교회들은 다른 점수들도 철저히 관리했다.

헌금 점수

교회에서 주보나 게시판에 가장 흔히 게재하는 숫자는 출석 교인 숫자와 헌금 액수이다. 헌금 점수가 공개되면 어떤 교회(예산이 부족한 교회)에서는 사람들이 부담감을 갖고 어떤 교회(예산이 넘치는 교회)에서는 사람들이 신경도 쓰지 않는다.

어떤 교회들은 헌금 액수를 공개하지 않는다. 이는 이해할 만하다. 예산을 주기적으로 공개하는 교회의 목사들에게서 들어보면, 숫자가 조금만 줄어들어도 교인들이 동요한다고 한다.

모든 교회가 모든 교인에게 숫자를 공개하지는 않는다. 하지만 재정 상태를 늘 점검하는 일은 극도로 중요하다. 헌금에 관심을 기울이지 않는 교회는 재정적으로 취약해질 위험이 크다. 재정 책임성을 갖추려면 수입과 지출을 늘 점검해야 한다.

나아가, 헌금은 다른 영역들을 보여 주는 주요 지표가 될 수 있다. 헌금을 그만두고 나서 얼마 있지 않아 교회 봉사, 심지어 교회 출석을 그만두는 교인이 많다. 영적으로 흔들릴 때는 특히 그렇게 되기 쉽다.

교인들이 교회 재정을 잘 관리하도록 권장하기 위한 방법이 많지만, 우리는 다음 세 가지 방식이 헌금 액수를 늘리는 데 매우 효과적이라는 사실을 확인했다.

첫째, 처음 헌금을 한 사람에게 감사를 표시하기 위한 체계적인 프로세스를 갖추라. 노스캐롤라이나주의 한 교회는 처음 헌금을 한 사람에게 감사의 편지와 성경적인 재정 관리에 관한 책을 선물하면서 헌금 액수가 크게 늘어났다. 그 교회에 따르면 처음 헌금을 한 사람들에게 그렇게 했더니 그들이 주기적으로 헌금을 하고, 헌금 액수도 계속해서 증가했다고 한다.

둘째, 헌금을 사역과 연결시키라. 테네시주의 한 교회는 헌금 시간에 교인들에게 헌금해야 하는 이유를 알려 준다. 거의 모든 헌금 시간에 사역을 소개하면서 "이것이 여러분이 하나님의 일에 헌금해야 하는 이유입니다"라고 말한다. 이런 연결점은 X세대, 밀레니얼 세대, Z세대 같은 젊은 세대에게 특히 중요하다.

셋째, 헌금을 많이 내는 교인들에게 감사를 표시하라. 최근 한 목사의 접근법에 관해서 들었다. 그는 교인들의 구체적인 헌금 액수를 알지 못하지만 교회의 재정 담당자에게서 가장 많은 헌금을 내는 25명의 명단을 받는다. 그는 그들에게 점심식사나 커피를 대접하며 감사를 표시한다. 그는 그들에게 정확한 헌금 액수는 알지 못하지만 그들이 많은 액수를 내고 있다는 사실을 알고 있다고 말해 준다. 그가 8개월간 25명 모두를 만나 감사를 표시한 뒤 그들의 헌금 액수는 40퍼센트 이상 늘어났고, 교회 전체의 헌금 액수도 25퍼센트가 증가했다.

비영리 단체에 기부하는 사람들을 인정하는 시간도 주기적으로 갖는다. 많은 헌금을 하면서도 아무도 신경을 쓰지 않아 내심 서운하게 여기는 교인들이 더러 있을 수 있다.

소그룹 참석 숫자

소생한 10개 교회 중 7개의 교회는 소그룹 참여자 숫자를 늘 점검했다. 그것은 옳은 궤도를 유지하기 위한 프로세스의 일부였다.

제임스(James)는 위스콘신 주에서 소생한 교회를

이끌고 있는 목사이다. 쇠퇴해 가는 교회가 대개 그렇듯, 이 교회는 오랫동안 점진적인 쇠퇴를 겪다가 지난 몇 년 사이에 급격한 하락세로 돌아섰다. 그는 12년간 그 교회에서 사역했는데, 그가 부임하기 전에도 점진적인 쇠퇴는 진행되었지만 그가 온 후로도 하락세는 멈추지 않았다. 제임스는 우리에게 이렇게 말했다.

"제가 부임했을 때 우리 교회의 출석 교인 수는 고점이었던 260명에서 210명으로 떨어진 상태였어요. 이후 7년간 점진적으로 쇠퇴했지요. 결국 출석 교인 숫자는 160명으로 줄었답니다. 그러다 가을의 어느 주일 아침에 정신을 차려보니 100명이 되어 있었습니다. 게다가 가을은 출석률이 좋게 나오는 계절이죠. 걱정이 이만저만이 아니었어요."

그래서 그 교회는 회복을 위한 노력을 시작했다. 그 교회는 지상대명령에 대한 순종을 진지하게 받아들이기 시작했다. 그 교회가 점수판을 만들었을까?

제임스는 점수판이란 용어에 익숙하지 않았지만 두 가지 척도를 철저히 추적하면서 옳은 궤도를 유지하려고 애썼다고 말했다. 그 척도는 예배 출석 교인 숫자와 소그룹 참석자 숫자였다.

그 교회가 회복을 위해 진지하게 고민하면서 시작한 똑똑한 행동 중 하나는 가장 많은 열매가 맺히는 곳을 찾는 것이었다. 그 결과, 쇠퇴기에도 교회를 지킨 사람들은 대부분 소그룹 활동에 참여했다는 사실이 눈에 들어왔다. 제임스는 우리에게 이렇게 말했다. "교회를 떠난 사람들의 3분의 2는 예배에만 출석하는 교인들이었어요. 끝까지 남은 교인들은 소그룹 활동에 참여한 사람들이었다. 그들이 우리 교회의 구심점이었습니다."

그 교회는 소그룹 활동에 참여하는 사람들이 가장 많은 헌금을 일관되게 드리는 사람들이라는 점도 발견했다. 또한 사역에 참여하는 사람들은 십중팔구 소그룹 활동에 참여하는 사람들이었다.

"쇠퇴기에 사람들을 붙잡는 데 소그룹이 얼마나 중요한지를 발견했습니다. 소그룹이 우리 교회의 회복에서 중요하다는 사실을 알았습니다."

제임스는 힘을 주어 그렇게 말했다.

이 교회는 두 번째 점수판을 유지했다. 소그룹이 교회의 건강에 매우 중요했기 때문에 그 교회는 소그룹들의 주간 출석률을 늘 점검했다.

소그룹 출석 숫자를 점검한 것이 회복의 열쇠까지는 아니었지만 중요한 요인이었다. 그 교회의 하락세는 멈추었다. 급격한 성장이 나타나고 있지는 않지만 성장세가 꾸준히 나타나고 있다. 그 교회의 목사와 핵심 리더들은 소그룹의 동향을 계속해서 면밀히 관찰하고 있다. 그들은 소그룹이 그만큼 중요하다는 점을 인식하고 있다.

회심자의 숫자

답이 빤한 질문을 해 보겠다. 교회가 지역 주민들에게 복음을 전하는 것이 중요하다고 생각하는가? 물론 중요하다.

이번에는 다른 질문이다. 당신의 교회는 새신자의 숫자를 철저히 추적하는가? 작년에 당신의 교회를 통해 얼마나 많은 사람이 회심했는지 아는가? 5년 전에는 어떠했는가?

우리가 조사한 소생한 교회들의 절반 이상이 변화를 단행했다. 그것은 회심자의 숫자를 점수판에 포함시킨 것이었다. 회심, 세례, 신앙 고백 등 교회마다 다른 표현을 사용한다. 어떻게 부르든지, 교회의 사역을 통해 그리스도의 제자가 되고, 나아가 그 교회에 출석한 사람들의 숫자를 추적하는 일은 매우 중요하다.

솔직히, 자신의 교회가 얼마나 많은 사람을 전도했는지 모르는 교회 리더들이 대부분이다. 사람들에게 예수님에 관해서 말해 주는 것이 중요하다고 생각하는가? 예수님이 구원의 유일한 길이라고 믿는가? 그렇다면 우리가 얼마나 많은 사람을 전도하고 있는지 알아야 하지 않을까?

이번에도 분명히 짚고 넘어가자. 우리가 숫자를 세는 것은 자랑하기 위해서가 아니다. 숫자 자체를 위해서 숫자를 세어서는 곤란하다. 자신이 얼마나 뛰어난지를 확인하기 위해 숫자를 세어서는 안 된다. 우리는 책임을 위해 숫자를 세어야 한다. 순종을 위해서 숫자를 세어야 한다.

점수판이 꼭 매일 관리해야 하는 공식적인 도구일 필요는 없다. 많은 교회에서는 이것을 아예 도구로 사용하고 있지도 않다. 이것은 단지 우리의 우선 순위를 늘 점검하는 차원의 개념이다. 이것은 단지 가장 중요한 것을 가장 중시하는 것을 의미한다.

우리는 소생한 교회들을 해부한 결과, 이런 사실을 발견했다. 그 교회들 중 절반 이상이 현재는 회심자의 숫자를 추적하고 있다. 그런데 회복을 위한 노력을 시작하기 전에도 그렇게 해 온 교회는 거의 없었다. 이 방법은 단순하면서도 효과적이다.

사역 참여 점수판

소생한 교회들의 절반 이상이 출석 교인 숫자, 소그룹 참석 숫자, 회심자의 숫자를 추적했지만, 교인들의 사역 참여를 추적한 교회는 3분의 1이 채 되지 않았다. 그럼에도 나는 이 10개의 교회 중 3개의 교회에서 어떤 식으로든 교인들의 사역 참여를 추적했다는 사실이 주목할 만한 가치가 있다고 생각한다.

그렇다면 사역 점수판은 구체적으로 어떤 모습일

까? 우리가 이 질문을 해야 한다는 사실은 이 중요한 척도를 추적하는 교회가 적은 이유를 설명해 준다. 출석 교인 숫자, 회심자 숫자, 소그룹 참여는 측정하기가 쉽지만 사역 참여는 측정하기가 까다롭다.

제니(Jenny)는 소생한 한 교회의 행정 책임자로 섬기고 있다. 그녀는 교회의 사역 참여를 측정하는 일을 맡고서 최대한 단순한 방식을 사용하기로 했다. 그녀는 우리에게 이렇게 말했다.

"저는 분기에 약 2시간씩 이 척도를 측정하고, 기본적인 방법을 사용합니다. 교회 내 모든 사역의 참여자 명단을 입수하되, 한 사람이 하나 이상의 사역에 참여해도 한 번만 셉니다. 그런 다음 모든 숫자를 합칩니다. 이게 다입니다. 간단하죠."

제니는 1년에 4번, 하나의 숫자를 교회의 다른 리더들에게 전달한다. 그녀는 그렇게 하면 리더들이 교인들의 사역 참여를 더 열심히 독려하게 된다는 사실을 발견했다.

"2년 전에 이 숫자를 세기 시작한 뒤로 이 숫자가 감소한 분기는 딱 한 번뿐이에요. 리더들은 이 숫자를 들으면 얼마나 더 열심을 내는지 몰라요. 그만큼 책임감이 생기거든요. 정말 효과적이에요!"

옳은 방향으로 가고 있는지를 확인하다

사실, 소생한 교회들을 해부하면서 이런 점수판의 부활을 보게 될 줄은 예상치 못했다. 하지만 생각할수록 말이 된다. 이 교회들은 방식을 전과 달리해야 한다는 사실을 알았다. 그래서 이런 점수판을 통해 현재 자신들의 상태를 확인해야 했다.

주로 단순하고 비공식적으로 이루어지는 이런 도구는 '책임을 위한 도구'라고 말할 수 있다. 소생한 교회들의 리더들은 이런 도구에 집착하는 것이 아니라 이런 도구를 절제 있게 사용하고 있다.

실제로, 이런 점수에 대한 교회 리더들의 반응에서 희망을 볼 수 있었다. 출석 교인 숫자가 계속해서 줄어들면 그들은 스스로에게 까다로운 질문들을 던졌다. 소그룹 참여 숫자가 줄어들면 그들은 소그룹 활동을 더 강조했다. 회심이 나타나지 않으면 그들은 전도에 박차를 가했다. 사역 참여가 늘어나지 않으면 그들은 사역 참여를 권장하기 위해 노력했다.

이 부분에서 놀라웠던 사실은 그들이 중요한 것을 측정할 뿐 아니라 서너 가지 척도로 점수판을 확장했다는 것이다.

이 확장된 점수판이라는 주제를 탐구하다가 이것이 무슨 상황인지를 깨닫게 되었다. 소생한 교회들의 리더들은 자신들이 진정으로 제자들을 키워내고 있는지 판단하고자 노력했던 것이다.

제자들은 예배를 위해 모인다. 제자들은 소그룹으로 모인다. 제자들은 남들에게 복음을 전한다. 제자들은 사역에 참여한다.

이 점을 깨닫고서 큰 소망을 얻었다. 소생한 교회들은 숫자를 목표로 삼고 있지 않다. 그 교회들은 제자들을 키워 하나님께 영광을 돌리는 것을 목표로 삼고 있다. 바로 이것이 중요하다는 말로 이 해부를 마무리하고 싶다.

Questions

1. 척도에 집착하는 것과 척도를 책임의 수단으로 사용하는 것 사이의 실질적인 차이는 무엇인가?

2. 대부분의 교회는 예배 출석 교인 숫자를 추적한다. 대부분의 교회가 이 척도를 사용하는 이유는 무엇일까?

3. 소생한 교회들은 왜 다른 교회들보다 더 확장된 점수판을 갖고 있을 가능성이 높을까?

4. 사역 참여에 관한 점수판을 갖고 있는 교회가 상대적으로 적은 이유는 무엇일까?

5. 소생한 교회들에 대한 해부에서 이런 사실이 발견된 이유는 무엇이라고 생각하는가?

비결 4

강력한 기도

처음부터 끝까지
회복의 전 과정을
기도가 지탱해 준다

강력한 기도의 운동이 뒷받침되지 않고서 교회의
회복이 지속적으로 유지되는 경우를 한 번도 보지
못했다. 기도는 절대적이다. 기도는 반드시 필요하
다. 기도는 최우선사항이다.

교회가 새로운 방법이나 새로운 강조점으로 잠시
회복되는 것을 본 적이 있다. 새로운 목사나 역동적
인 사역자를 통해 일부 교회가 하락세를 잠시 반등
시키는 모습을 본 적이 있다. 하지만 강력한 기도의
운동이 뒷받침되지 않고서 교회의 회복이 지속되는
경우는 본 적이 없다.

〈페리 메이슨〉(Perry Mason)은 1957년에서 1966년
까지 아홉 시즌에 걸쳐 방영된 법정 드라마이다. 레

이몬드 버(Raymond Burr)가 열연한 페리 메이슨은 거의 모든 소송에서 이기는 변호사였다.

메이슨의 승소율도 믿을 수 없을 정도였지만 더 신기한 것은 그가 의뢰인들의 무죄를 이끌어 내는 방식이었다. 그는 '진짜' 범인을 법정 앞으로 불러 심문을 통해 범죄 사실을 자백하게 만들었다. 거의 매회가 이런 식으로 진행되었다. 결과가 불 보듯 뻔한데도 그 드라마가 롱런한 것을 보면 그 방법의 효과를 많은 사람이 인정하고 있다는 사실을 알 수 있다.

메이슨의 방법은 표면 아래를 파고들어 아무도 예상하지 못한 문제를 발견하는 것이었다. 그는 마치 셜록 홈스(Sherlock Holmes)와도 같은 인물이었다. 둘 다 표면 아래에 숨은 뭔가를 볼 줄 알았다.

소생한 교회들을 해부해 보니 소생이 기도로 시작되었다고 말한 교회 리더들은 흔치 않았다. 대개 그들은 내가 이 책에서 소개한 방법론들을 지목했다. 하지만 우리는 더 깊이 파헤쳤다. 때로 우리는 가시적인 소생 이전에 나타난 뭔가가 없었는지 물었다. 가끔은 기도에 관한 구체적인 질문을 던졌다. 그렇게 최소한 표면에서 한 층 아래로 들어가는 질문을 던질 때마다 같은 결과가 나타났다. 언제나 기도가 먼저였고, 처음부터 끝까지 소생의 전 과정을 기도가 지탱해 주었다.

물론 신학적으로는 다 기도의 힘을 안다. 그러니까 우리는 기도의 힘을 믿는다. 하지만 기도를 항상 실천하지는 않는다. 우리 눈에 시급한 일들에 하나님의 우선사항들이 밀려나곤 한다. 예수님도 큰 위기의 순간에 기도하지 않는 제자들을 꾸짖으셨다는 사실을 기억해야 한다(마 26:40-41).

우리의 해부 결과, 소생한 교회에는 언제나 강력한 기도가 있었다. 표면 아래로 들어가 기도가 어떻게 이루어지는지 자세히 살펴보자.

'기도의 용사' 원칙

나는 지금까지 섬긴 모든 교회에서 기도의 용사를 만나는 복을 누렸다. 여기서 용어가 중요하다. '기도의 용사'는 기도의 힘을 믿기만 하는 사람이 아니다. 그는 자신과 함께 영적 싸움을 싸울 사람들을 동원하는 사람이다.

세인트피터즈버그에서 기도의 용사는 릴리안(Lillian)이었다. 그녀는 열정이 넘치고 솔직한 사람이었다. 그녀는 사람들을 기도의 자리로 부르는 은사가 있었다. 그녀의 용기와 끈기는 실로 대단했다.

버밍햄에서 기도의 용사는 오울린(Aulene)이었다. 그녀는 조용한 성격이었다. 남들이 보지 않는 곳에서 섬기는 것을 좋아했다. 그녀는 내가 아는 그 어떤 교인보다도 더 열심히 사역했다.

내슈빌에서 기도의 용사는 폴(Paul)이었다. 그는 사교적이고 따스한 성격이었다. 누구나 어울리고 싶어 하는 종류의 사람이었다. 그는 그런 성격을 십분 활용해 교인들뿐 아니라 새신자들과도 금방 친해졌고, 그들의 이름을 기억하기 위해 노력했다.

이 모든 기도의 용사에게는 공통점이 있었다. 그것은 교인들과 교회의 사역을 위해 소수의 사람들과 함께 기도했다는 것이다.

폴이 내슈빌 지역의 우리 교회를 위해 기도하는 리더 역할을 맡았을 때 나는 몇 마디 격려의 말을 전한 뒤에 중보기도 사역에 소수만 자원한다 해도 놀라지 말라는 말을 했다. 기도보다 잠을 선택했던 예수님의 제자들처럼 교인들은 각자의 바쁜 삶에 묶여 있기 쉽다. 기도를 위해 삶의 속도를 늦추는 것은 시급해 보이지 않는다. 그래서 교회의 중보기도 사역을 위해 삶의 속도를 늦추는 것은 우선순위에서 뒤쪽으로 밀려나기 쉽다.

우리가 소생한 교회들을 해부했을 때 기도의 힘이 분명히 나타났지만 기도의 열심이 교회 전반에서 나타나지는 않았다. 소생한 교회의 리더들은 대개 소수의 참된 기도 용사들을 손꼽았다.

원칙은 분명하다. 기도는 소생에 필수조건이다. 또한 기도는 소생의 부산물이기도 하다. 그리고 대부분의 경우, 기도는 소수의 충성스러운 교인들을 통해 이루어진다.

하지만 하나님은 그 소수를 소생의 도구로 사용하실 수 있고 기꺼이 사용하신다. 우리는 그런 모습을 수 없이 보았다.

적은 숫자를 실패로 속단하기 쉽다. 하지만 거의 모든 소생한 교회에서 기도는 하나님이 사용하신 도구였으며, 하나님은 꾸준하고도 끈덕진 기도에 응답해 주셨다.

소생을 원한다면 잘 듣기를 바란다. 첫째, 교회 안에서 누가 기도의 용사들인지를 모른다면 그들을 찾으라. 둘째, 그들을 찾을 수 없거든 기도의 열정을 품은 사람들을 찾으라. 셋째, 그들이 기도의 용사가 되도록 격려하라.

기도의 용사들도 낙심할 때가 있다. 몇 년 전 컨설팅 중에 샐리(Sally)라는 기도의 용사와 대화를 나눈 적이 있다. 나는 그녀의 교회에서 가장 필요한 일이 무엇인지 물었다. 샐리는 '기도'라고 간결하게 대답했다. 내가 설명을 부탁하자 그녀는 약간 언짢은 투로 말했다.

"무슨 설명이 필요하죠? 기도가 얼마나 중요한지 모든 사람이 알아야 해요."

계속해서 그녀는 이렇게 말했다.

"이해할 수가 없어요. 사람들에게 함께 기도하자고 했는데 겨우 2-3명만 반응을 보였죠. 어떤 때는 저 혼자만 기도하기도 해요. 기도 없이는 아무것도 할 수 없다는 걸 왜 모를까요? 기도하지 않는 건 죄라고 생각해요. 정말 답답해요."

교회의 소생을 이끌고 있거나 이끌려는 열정이 있다면 기도 용사들을 찾아 격려해야 한다. 우리는 소생한 교회들을 해부할 때마다 눈에 띄지 않는 기도의 영웅들을 발견했다. 모든 소생의 이야기 이면에는 언제나 기도의 용사들이 있다. 언제나!

끈질긴 한 사람

내가 포기하지 않아서 얼마나 다행인지 모른다. 그녀는 세 번이나 거절했다. '그녀'는 바로 나와 40년 넘게 동고동락한 아내이다.

그녀는 고교 시절 내 여자 친구였다. 하지만 그 전에는 그저 짝사랑의 대상이었을 뿐이다. 그녀에게 세 번 데이트 신청을 했지만 매번 거절을 당했다. 그녀의 마음을 누그러뜨리기 위해서는 포기하지 않고 네 번째 시도를 하는 끈기가 필요했다. 결국 그녀는 내 여자 친구가 되었고, 나중에 우리는 결혼에 골인했다. 그렇게 그녀는 내 세 아들의 어머니요 열한 손주의 할머니가 되었다. 내가 성급하게 포기했으면 내 삶이 어떻게 되었을지 상상도 하기 싫다.

우리는 소생한 교회들을 해부하면서 한 겹 아래를 파헤친 결과, 기도의 중요성을 발견했다. 하지만 다시 한 겹을 더 걷어내자 끈질긴 기도의 중요성이 나타났다. 기도의 용사들은 소수만 기도에 동참한다고 해서 포기하지 않았다.

나는 소생에 관한 주제로 강연한 콘퍼런스에서 룻(Ruth)을 만났다. 그때는 해부가 이미 끝난 상태였기 때문에 그녀의 교회가 어떻게 소생했는지를 해부할 수 없었다. 하지만 이야기를 들어보니 우리가 연구한 교회들과 별로 다르지 않았다.

그녀의 교회에서 대부분의 교인들은 끈질긴 기도를 위한 그녀의 노력에 신경을 쓰지 않았지만 소수는 그녀를 주목했다. 그리고 그 소수는 화요일 새벽 5시 30분마다 교회에 나타나 그녀와 함께 기도했다. 룻은 그 일을 이렇게 회상했다.

"우리 교회가 죽음을 향해 치닫고 있는 것처럼 느껴졌어요. 출석 교인 숫자만 문제가 아니었지요. 3년 넘게 단 1명에게도 세례를 베풀지 못했어요. 예배 시간에 뜨거운 열정이 사라진 지 오래였죠. 교인들의 얼굴에서 그것을 볼 수 있었어요. 교회 전체의 분위기가 크게 침체되어 있었지요."

룻은 기도의 힘을 믿었다. 그래서 그녀는 더 많은 사람이 절실한 기도로 하나님께 나아가지 않는다는 사실에 답답했다.

"우리가 병들어 죽어 가는 교인들을 위해서 기도하잖아요? 그런데 왜 병들어 죽어 가는 교회를 위해 기도하자는 말은 아무도 하지 않을까요?"

그래서 룻은 자신이 먼저 나서기로 했다. 그녀는 사람들에게 교회를 위해 기도하자고 말했다. 이것도 우리가 해부한 소생한 교회들에서 공통적으로 볼 수 있는 패턴이었다. 한 사람이 기도하자고 외치기 시작했다. 항상 그런 것은 아니지만 대부분 한 사람에게서 시작되었다.

한 사람, 하나님을 믿는 한 사람, 기도의 힘을 믿는 한 사람, 끈질긴 한 사람이 필요하다.

룻이 목요일 새벽 5시 30분 기도에 동참하자고 말하자 대부분의 교인들은 정중하지만 애매하게 대답했다.

"관심이 없다는 걸 알 수 있었어요. 물론, 안 좋게 말하는 사람은 없었어요. 다만 목요일 새벽 30분을 투자할 의향은 없었죠."

"그래서 어떻게 했나요?"

"상관없이 기도 모임을 시작했어요. 때로는 3-4명이 참석했죠. 가장 많이 모인 인원은 6명이에요. 대개는 저 외에 1-2명만 모였죠. 그래도 포기하지 않고 마태복음 18장 20절(두세 사람이 내 이름으로 모인 곳에는 나도 그들 중에 있느니라)의 약속을 계속해서 선포했어요."

우리의 해부 결과, 이런 사실을 발견했다. 지속적인 소생 이면에는 언제나 작지만 강력한 기도 운동이 있었다. 하지만 그 운동이 즉각적인 결과로 이어진 경우는 별로 없었다. 룻의 교회도 예외는 아니었다.

"상황이 즉시 좋아졌다고 말할 수 있으면 좋겠지만, 회복의 과정이 때로는 답답할 정도로 느렸어요. 하지만 2년이 지나자 변화가 보이기 시작했답니다. 목사님과 교인들의 태도부터 변하기 시작했어요. 그리고 언제부터인가 출석 교인 숫자가 증가하기 시작했답니다. 심지어 3주 연속으로 세례를 베푼 적도 있어요."

기도, 끈질긴 기도가 필요하다. 물론 기도하기만 하면 소생이 보장된다는 뜻은 아니다. 심지어 끈질긴 기도로도 소생이 보장되지는 않는다. 모든 것은 하나님께 달려 있다. 그분이 뜻하시면 그분의 시간에 이루어진다.

하지만 우리는 작지만 강력한 기도의 운동 없이 교회의 소생이 지속된 경우를 아직 보지 못했다. 당신 교회의 소생을 위해 기도의 운동을 일으키고 싶다면 어떻게 해야 할까? 우리가 해부한 대부분의 교회에서 방법은 간단했다. 기도의 운동을 이끌 기도의 용사를 최소한 1명은 찾을 수 있다.

기도의 용사를 찾으라

당시 나는 낙심한 목사의 전형이었다. 내가 아는 모든 자원과 프로그램을 동원했다. 한동안은 효과가 있었다. 하지만 교인들이 관심을 보이고 참여하다가 이내 떨어져나가자 나는 전보다 더 낙심하고 좌절했다.

우리 교회는 소생이 필요했다. 정확히 말하면, 그전에는 '소생'이란 표현을 사용한 적이 없었다. 내가 목회를 할 당시에 '소생'이란 용어는 지금처럼 자주 사용되지 않았다. 상관없이 우리 교회는 소생이 필요했다.

나는 신학교에서 영적 각성들을 공부하는 복을 누렸다. 심지어 그 주제로 석사 과정을 공부했다. 옛 영적 각성들이 매력적이기는 했지만 상대적으로 최근에 나타난 한 각성이 나의 관심을 사로잡았다.

그것은 애즈베리 부흥(Asbury Revival)으로 불린다. 그 부흥은 1970년 2월 3일 애즈베리대학교(Asbury College)에서 열린 한 예배로 거슬러 올라간다. 그것은 고백의 운동이었다. 그것은 전도의 운동이었다. 그것은 회복의 운동이었다. 무엇보다도 그것은 기도의 운동이었다. 혹시 관심이 생겼다면 로버트 콜먼(Robert Coleman)이 쓴 작은 책 *One Divine Moment*(신성한 한 순간)을 읽어 보기를 바란다.

모든 영적 각성의 중심에는 기도가 있었다. 그 모든 신성한 순간에 하나님은 크리스천들뿐 아니라 교회들을 소생시키셨다.

휘청거리는 교회의 목사로 섬길 당시 나는 이 사실을 알고 있었다. 진정하고도 근본적인 회복이 이루어지려면 기도가 필수적이라는 사실을 잘 알고 있었다. 하지만 교회 안에서 그 운동을 이끌 사람들이 필요했다. 우리 교회에서 하나님이 어떻게 기도의 용사를 일으켜 주실까?

그때 나는 심오한 뭔가를 했다. 그것은 바로 교인

들에게 부탁한 것이었다. 나는 우리 교회의 기도 사역을 이끌어 줄 사람이 제 발로 찾아올 때까지 기다리지 않고, 어느 주일 아침 설교단에서 성도들에게 물었다. 하나님이 기도의 사역을 이끌라는 마음을 주신 분이 있는지 물었다. 다시 말해 나는 하나님께 부름을 받은 이들을 불렀다. 그날 집에 있는데 전화가 한 통 걸려왔다. 프랜시스 메이슨(Frances Mason)이었다.

"목사님, 하나님께서 저를 기도의 용사로 부르시는 것 같아요."

나는 흥분한 동시에 안도했다. 흥분한 것은 누군가가 너무도 빨리 응답했기 때문이다. 안도한 것은 그 사람이 메이슨이었기 때문이다. 나는 메이슨을 잘 알고 사랑했다. 메이슨은 나를 그 교회로 부른 청빙위원회의 위원으로, 외롭게 사는 노인이었다. 메이슨은 나와 내 가족을 향한 사랑을 끊임없이 보여주었다. 그녀는 내가 깊이 믿을 수 있는 사람이었다.

메이슨은 끈기가 있었다. 그녀는 교인들을 만날 때마다 매일 정해진 시간에 할 일을 멈추고 1분간 교회와 나를 위해 기도해 달라고 부탁했다. 그것이 전부였다. 그녀는 교인들에게 그런 부탁을 하고 또 했다. 교인들의 뜨뜻미지근한 반응에 그녀도 속으로는 낙심했을지 모르지만 내게는 한 번도 그런 내색을 하지 않았다.

여기서 내 요지는 간단하다. 나는 누군가에게 나서서 기도의 사역을 이끌어 달라고 부탁했다. 그때 '소생'이란 용어를 알았다면 교인들에게 '소생'을 위해 기도의 사역을 이끌어 달라고 부탁했을 것이다. 당시 나는 '소생'이라는 도구를 정확히 몰랐지만 상관없이 하나님은 우리 교회를 소생시키기 시작하셨다.

기도는 회복에 필수조건이다

소생한 교회들에 관한 우리의 해부 결과는 분명했다. 교회를 소생시키는 것은 하나님이시다. 우리 교회들에서 하나님의 역사를 진정으로 원한다면 기도로 그분께 나아가야 한다.

해부 결과, 소수의 교인들이 소생을 위한 기도에 열심을 낼 때 하나님이 기꺼이 그 교회의 흐름을 바꾸어 주신다는 사실도 발견되었다. 소생한 교회들에서는 1명 이상의 교인이 일관되고도 끈질기게 기도했다. 그들은 포기하지 않았다. 그들은 낙심해도 잠시일 뿐, 이내 정신을 차리고 기도했다.

당신의 교회에서 강력한 기도의 원칙을 즉각 적용하고 싶다면 하나님께 기도의 용사를 보내 달라고 기도하라. 나아가, 교인들에게 하나님이 교회 소생을 위한 기도 사역을 이끌 마음을 주신 사람들이 있는지 물어보라.

우리는 소생한 교회를 해부할 때마다 지속적인 소생의 밑바탕에는 언제나 강력한 기도 운동이 있다는 사실을 계속해서 확인했다. 모든 소생의 이면에는 항상 기도의 운동이 있었다. 항상! 기도는 그만큼 중요하다.

Questions

1. 교회 소생에 실패한 사례들을 보면 대부분 기도의 부재가 나타난 다. 일부 교회들이 왜 기도 사역을 포기한다고 생각하는가?

2. 왜 우리는 사역, 특히 기도 사역의 성공을 수적 증가와 동일시할 때가 많은가?

3. 기도 사역에서 끈기의 특징에는 어떤 것들이 있을까?

4. 교회 소생을 위한 책 중에 기도에 초점을 맞춘 책은 찾아보기 힘들 다. 그 이유는 무엇일까?

5. 교회의 기도 사역은 구체적으로 어떤 식으로 이루어질 수 있을까?

5

유독한 교인 제거

아프지만
연합을 방해하는
독소를 제거하다

나는 부모님께 담배를 경멸한다고 말했다. 담배의 해로운 효과에 관해서 처음 알았을 때가 몇 살이었는지는 정확히 기억이 나지 않는다. 나는 담배 광고를 보면서 어린 시절을 보냈다. 의사들이 각자 즐기는 담배 브랜드를 권하는 광고가 지금도 생생히 기억난다.

내가 이십대가 되었을 때는 담배의 치명성이 점점 대중에게 알려지고 있었다. 담뱃갑과 광고에서 경고가 나타나기 시작했다. 이제 담배는 치명적인 독소가 되었다.

나는 부모님을 깊이 사랑했다. 그런데 두 분 다십대 시절부터 담배를 즐기셨다. 두 분은 담배에 완전히 중독되어 있었다. 그 중독을 끊는 것은 쉽지 않았다. 사실, 부모님은 몇 번 금연을 시도했지만 결국 실패하셨다.

나는 부모님을 탓하고 싶지 않았다. 부모님께 죄책감을 더해 드리고 싶지 않았다. 그래서 담배를 탓했다. 한 번은 감정이 북받쳐 올라 아버지와 어머니에게 "나는 담배가 싫어요!"라고 말했다.

우리 부모님은 둘 다 병으로 돌아가셨다. 아버지는 암으로 돌아가셨고, 어머니는 흡연으로 뼈가 약해진 상태에서 넘어진 후유증으로 돌아가셨다. 두 분은 손주들을 다 보지 못하고 세상을 떠나셨다. 두 분은 손주들 중 한 명도 성인으로 자란 모습을 보지 못하고 하늘나라로 가셨다.

독소는 치명적이며, 몇 가지 경로로 인간의 몸에 침투할 수 있다. 흡연은 독한 니코틴이 몸에 들어오게 만든다. 마약도 독소이다. 이 밖에도 인간의 몸에 해로운 독소들은 무수히 많다. 모든 독소는 나쁘며, 그중 적지 않은 독소가 치명적이다. 교회의 독소들도 치명적이다.

사실, 우리는 소생한 교회들을 해부하면서 독소들을 자주 확인했다. 독소는 주로 한 명의 교인이었다. 드물게, 여러 교인이 독소 역할을 하는 경우도 있었다. 이 모든 경우에서 그 교인들은 교회에 해를 끼쳤다. 그들은 지상대명령에 집중하지 못하도록 교회를 뒤흔들었다.

소생한 교회들에서 유독한 교인이 있는 경우에는 그 교인이 떠나기 전까지는 소생 과정이 시작되지 않았다. 물론 이것은 말처럼 쉽지 않다.

상황이 저절로 좋아지지는 않는다

힘든 일을 나중에 처리할 생각으로 미루는 사람이 많다. 고통스러운 작업을 미루는 사람이 왜 그토록 많은 것일까?

그것은 그 작업이 말 그대로 고통스럽기 때문이다. 그 일을 하면 우리 자신과 남들이 고통을 겪는가? 당연한 말이지만 고통을 좋아하는 사람은 세상에 없다. 또 다른 이유는, 상황이 저절로 좋아질 것이라고 생각하기 때문이다. 우리는 아무것도 하지 않아도 문제가 마법처럼 저절로 사라질 것이라고 막연히 생각하곤 한다. 하지만 고통은 사라지지 않을 뿐 아니라 대개는 문제가 더 악화된다.

사람들이 문제에 관해서 대놓고 잘 말하지 않는 또 다른 이유는 유독한 교인과 그 지지자들에 대한 두려움 때문이다. 그들이 더 큰 문제를 일으킬지 모른다는 두려움이나 그들이 교인들을 데리고 교회를 나갈지 모른다는 두려움, 교인들이 헌금을 하지 않을까 하는 두려움, 교인들이 목사를 쫓아내지 않을까 하는 두려움이 주저하게 만든다.

클리프(Cliff)는 캘리포니아 주 남부에서 목회를 하는 목사이다. 그가 사역한 3년 동안 주일 출석 교인 숫자는 225명에서 110명으로 줄어들었다. 다시 말해, 그 교회는 3년 만에 절반이 되었다. 클리프는 부임 6개월 만에 문제를 발견했다. 그것은 그레그(Greg)라고 하는 유독한 교인이었다. 문제를 파악하기는 어렵지 않았다. 지속적인 비판과 뒷담화, 월례회에서의 공개적인 반대까지 그레그는 늘 문제의 중심에 섰다.

그래서 클리프는 어떻게 했을까? 그는 그 문제를 처리하는 일을 뒤로 미루었다. 클리프는 내게 이렇게 말했다. "처음에는 그 사람의 마음을 돌릴 수 있을 것이라고 생각했어요. 그 방법이 통하지 않자 그냥 무시했습니다. 관심을 주지 않으면 문제가 저절로 사라질 것이라고 생각했지요."

어떤 전략도 통하지 않았다. 그러는 사이에 출석 교인들의 절반이 빠져나갔다. 어떤 교인들이 빠져나갔는지 짐작이 가는가? 교회를 연합시키던 건강한 교인들이 주로 빠져나갔다. 이제 교회는 절반으로 줄었을 뿐 아니라 유독한 교인들을 지지하거나 용인하는 교인들만 남았다. 문제는 저절로 사라지지 않는다. 오히려 더 악화될 뿐이다.

한편, 클리프 교회의 이야기는 소생한 교회의 이야기가 아니다. 이것은 죽어 가는 교회의 이야기이다. 클리프를 마지막으로 만나서 대화했을 때 그는 자신의 교회가 일 년 안에 문을 닫을지도 모른다고 말했다. 그레그는 여전히 그 교회에 남아 있다. 소생한 교회들에서는 리더들이 문제와 그 문제를 일으키는 사람들을 직접적으로 다루었다. 그 과정은 고통스럽지만 다른 방법은 절대 통하지 않는다. 소생한 교회들이 유독한 교인들을 어떤 건강한 방식으로 다루었는지 살펴보자.

유독한 교인을 다루는 법

"유독한 교인들은 드물다."

위의 문장을 다시 읽기를 바란다. 천천히 유심히 읽으라.

교회에 출석하는 수백만 명의 사람들 중 소수만 유독하다. 사실, 유독한 교인이 아예 없는 교회들도 있다. 내가 컨설팅을 한 교회 중에도 독소가 전혀 없는 교회가 많았다.

문제는 단 1명의 유독한 교인만으로도 교회가 망가질 수 있다는 것이다. 유독한 교인은 말 그대로 독소이다. 그 독소를 다루지 않으면 교회는 결국 죽음을 맞는다. 다행히 우리는 소생한 교회의 리더들에게서 독소를 다루는 법에 관해 많은 것을 배울 수 있었다. 그중 3가지 교훈을 소개하고 싶다.

비판자가 다 유독한 교인은 아니다

모든 교회에 비판자가 있다. 단 한 교회도 빠짐없이 있다. 비판자는 우리 혹은 교회 안의 다른 사람들과 의견을 달리하는 사람이다. 비판자는 교회 사역의 일부 측면을 마음에 들어 하지 않는 사람이다. 하지만 이런 의견 차이는 유독성과 다르다.

브래든(Brandon)은 아칸소 주에서 목회를 하는 목사이다. 그는 목회 초기에 비판자와 유독한 교인의 차이점에 관해서 배웠다.

"비판자를 유독한 교인으로 여기는 것은 옳지 않아요. 제가 유독한 교인을 일찍 겪어서 다행이라고 생각합니다. 비판자와 달리 그 교인의 공격은 끝이 없었어요. 사사건건 교회의 연합을 방해했지요. 말만 많은 것이 아니라 말 한마디 한마디가 어찌나 독

했는지 모릅니다. 그 교인에 비하면 '평범한' 비판자
는 순한 양처럼 보일 정도랍니다. 그때 저는 비판자
와 유독한 교인 사이의 차이점을 똑똑히 깨달았습니
다. 그래서 이제 두 부류를 다르게 다룹니다."

그릇된 행동의 패턴을 지니고 있다

비판자들은 가끔 비판을 한다. 하지만 유독한 교
인들은 계속해서 비판을 한다. 최소한 그렇게 느껴
진다. 나의 친구이자 탁월한 리더인 브래드 와고너
(Brad Waggoner)는 다른 리더들에게 행동 패턴을 유심
히 보라고 말한다. 누구나 때로는 남을 비판할 때가
있다. 누구나 후회할 행동을 한다. 누구나 주워 담고
싶은 말을 한다. 하지만 그런 행동이 우리의 평상시
행동은 아니다.

유독한 교인들은 분열과 파괴, 부정적인 행동의
지속적이고 일관되고 강한 패턴을 갖고 있다. 장기
적인 패턴을 눈여겨보라. 그러면 누가 유독한 교인
인지 파악할 수 있다.

유독한 교인은 얼마 없다

한 무리의 교인 전체를 싸잡아서 유독한 교인들로 여길 위험이 있다. 하지만 그런 경우는 드물다. 유독한 교인들은 강한 성격을 지니고 있어서 한동안 사람들을 끌고 다닐 수 있다. 하지만 그 추종자들은 대개 유독한 사람들이 아니다. 유독한 교인은 대개 한 교회에 한 명, 기껏해야 몇 명밖에 되지 않는다.

다시 말하지만 유독한 교인은 드물다. 소생하는 교회들의 리더들은 이 사실을 깨닫고서 섣불리 혹은 함부로 판단을 내리지 않았다.

절박한 기도의 자리로 가다

이 책이 동영상이라면 이전 장으로 되감기를 하라고 말해 주고 싶다. 소생한 교회들은 기도하는 교회이다. 사실, 소생한 교회들에 대한 해부에서 발견된 요소들 중 독립적인 요소는 하나도 없다. 모든 요소가 서로 중첩되고 연결된다.

기도는 특히 더 그렇다. 반복이기는 하지만, 소생한 교회들에서 기도의 중요성에 관해서 다시 생각해 보자. 교회의 소생은 인간의 힘으로 이루어지는 과정이 아니다. 우리는 하나님의 도구이지만 우리 자체적으로는 능력이 없다.

우리는 소생한 교회들을 해부할 때마다 하나님의 능력으로 소생이 이루어진 것을 확인할 수 있었다. 특히, 유독한 교인들을 다룰 때 기도가 효과적이라는 사실을 발견했다.

예를 들어, 마빈(Marvin)은 유독한 교인이 있는 교회에서 2년째 목회하고 있다. 유독한 교인인 메리(Mary)는 전임 목사가 백기를 들고 떠날 때까지 악랄하게 괴롭혔다. 그녀는 마빈에게도 똑같은 짓을 하고 있었다. 마빈은 내게 이렇게 인정했다.

"죽을 만큼 두려웠어요. 메리가 제 전임 목사를 어떻게 괴롭혔는지 들었는데 이제 제가 똑같이 당하고 있었죠. 선택사항은 두 가지밖에 없어 보였어요. 첫째, 아무것도 하지 않고 교회가 몰락해서 결국 내 자리가 없어지는 꼴을 하릴없이 지켜만 보는 겁니다. 둘째,

상황을 직접적으로 다루었다가 교회가 난리가 나서 쫓겨나게 되는 거죠. 둘 다, 원치 않는 길이었죠."

또한 그는 자신이 기도한 것이 순종보다도 절박감에서 나온 행동이었다고 인정했다.

"제가 기도 생활을 최우선으로 여겨온 경건한 목사였다고 말할 수 있으면 좋겠지만 전혀 그렇지 못했어요. 지금도 아직 멀었어요."

하지만 그의 기도가 절박감에서 나온 행동이었다 해도 하나님은 그와 그가 동참을 요청한 소수의 기도에 응답해 주셨다.

"제가 신뢰하는 4명의 사람에게 이 어려운 상황을 놓고 매일 기도해 달라고 부탁했죠. 우리 5명은 몇 달간 단 하루도 빠짐없이 기도했습니다."

석 달쯤 지났을 때 마빈과 교회의 한 리더는 메리를 찾아가기로 결심했다.

"3명이 한 자리에 모였을 때 긴장해서 몸이 덜덜 떨렸답니다. 하지만 일단 말을 시작하자 용기가 솟아났어요. 메리가 소리를 지르며 반박해도 차분히 듣고 나서 그녀의 행동을 더 강하게 지적했습니다."

안타깝게도 메리는 회개하면서 돌아가지 않았다. 그녀는 끝까지 길길이 날뛰었다. 하지만 그녀가 '부당한 대우'를 문제로 삼아도 공감하는 교인들이 별로 없었다. 그녀는 목사에게 맞설 세력을 규합하려고 했지만 동조하는 사람은 거의 없고 오히려 반감만 살 뿐이었다. 결국 메리는 교회를 떠났다. 함께 나간 사람들은 극소수였다.

"당연한 결과였지만 저는 이렇게 될 줄 예상하지 못했습니다. 정말이지 기도의 능력은 매번 놀라게 됩니다. 바로 다음 주부터 변화가 나타났습니다. 그때부터 하나님이 우리 교회를 본격적으로 회복시키시는 것을 분명히 볼 수 있었답니다."

우리는 마빈의 교회에 대한 해부를 이렇게 마무리했다. "기도는 정말 놀랍습니다." 정말로 그렇다.

함께 연합해 독소를 제거하라

아이들이 어렸을 적에 아내와 나는 어린이 박물

관의 '어두운 터널'이라는 전시회장으로 데려갔다. 개념은 간단하다. '어두운 터널'은 벽과 통로를 손으로 느끼면서 빠져나가야 하는 칠흑같이 어두운 미로였다. 아무것도 볼 수 없을 만큼 어두웠다. 내가 첫째와 둘째를 터널로 데리고 들어갈 때마다 아내의 분부가 있었다.

"절대 애들을 혼자 두지 말아요."

나는 그 분부를 그대로 따랐다.

크리스천으로서 우리의 삶도 혼자 살아서는 안 된다. '독불장군 크리스천'이라는 말은 모순어법이다.

크리스천 리더십에도 같은 원칙이 적용된다. 남들의 조언이나 도움 없이 독단적으로 리더십을 발휘하려고 해서는 안 된다.

유독한 교인을 잘 다룬 교회들을 해부할 때마다 한 가지 공통점이 눈에 들어왔다. 그곳의 리더들은 그 문제를 혼자 처리하려고 하지 않았다. 그들은 기도하면서 다른 사람의 지혜와 도움을 구했다. 한 목사는 우리에게 이렇게 말했다. "유독한 교인이라는 문제를 혼자 다루려는 것은 지독히 어리석인 짓입니다."

모두가 들어야 할 말이다. 이 목사의 말이 옳다. 우리는 소생한 교회들을 해부하면서 이 사실을 분명히 확인했다. 유독한 교인의 문제가 나타날 때 이 리더들은 다른 교인들의 지혜와 연합을 구했다. 마빈은 이렇게 말했다.

"나와 함께 메리의 문제를 다루어 준 사람들의 숫자는 많지 않았어요. 하지만 그들은 우리 교회에서 가장 신실하고 가장 영향력이 높은 분들이었답니다. 8명에서 14명이 되어서 충분히 '동맹'이라는 표현을 붙일 수 있죠. 그들의 기도와 지지를 얻고 나서 이 문제를 다룰 수 있다는 희망이 보였답니다."

물론 여기서 문제를 다룬다는 것은 앞서 소개한 이야기에서처럼 메리를 만나 잘못을 지적한 일을 의미한다.

여기서 유독한 교인을 다루기 위한 마지막 원칙을 발견할 수 있다. 가만히 보고만 있지 말고 뭔가를 하라.

피할 수 없는 일

우리가 소생한 교회들을 해부하면서 배운 간단하면서도 까다로운 원칙은 유독한 교인을 결국 다루어야 하다는 것이다. 이 리더들은 두렵기도 하고 교회가 어떻게 될지 걱정되기도 했지만 결국 행동을 했다.

그들은 마태복음 18장 15-17절에 나타난 가이드라인을 따랐다.

"네 형제가 죄를 범하거든 가서 너와 그 사람과만 상대해 권고하라 만일 들으면 네가 네 형제를 얻은 것이요 만일 듣지 않거든 한두 사람을 데리고 가서 두세 증인의 입으로 말마다 확증하게 하라 만일 그들의 말도 듣지 않거든 교회에 말하고 교회의 말도 듣지 않거든 이방인과 세리와 같이 여기라."

우리는 소생한 교회들의 리더들과 이야기를 나눈 것이기 때문에 유독한 교인을 다룬 상황은 고통스러운 시기를 거치기는 했지만 대개 잘 마무리되었다.

유독한 교인이 떠난 뒤에 그 교회들은 치유되기 시작했다. 교회의 소생에서 유독한 교인이 떠나는 것은 핵심적인 요인 중 하나이다.

하지만 물론 모든 이야기가 훈훈하게 마무리되지는 않았다. 지난 2개월간 나는 소생한 교회의 리더들처럼 유독한 교인을 직접 다룬 목사들과 이야기를 나누었다. 그들 중 2명은 전쟁에서 패배해 교회에서 쫓겨났다.

하지만 유독한 교인이 악한 분열의 행동 패턴을 계속해서 하도록 방치하면 교회는 계속해서 쇠퇴할 것이다. 그리고 결국 죽을 것이다. 유독한 교인을 다루어서 원하는 결과가 나온다는 보장은 없지만 아무런 행동도 하지 않는다면 교회가 계속해서 내리막길, 나아가 죽음의 길을 걷는다는 '보장'은 있다.

유독한 교인을 다루는 것은 극도로 어렵다. 하지만 그 일을 단행하지 않으면 교회는 계속해서 쇠퇴할 수밖에 없다.

Questions

1. 어떤 면에서 '유독한'이란 단어가 가장 부정적인 교인들에게 잘 어울리는가?

2. 누군가를 유독한 교인으로 판단하기 전에 고려해야 할 세 가지 점은 무엇인가?

3. 교회에 유독한 교인이 있을 때 교회 리더는 어떻게 다른 사람도 그 상황을 위해 함께 기도하도록 만들 수 있을까?

4. 위에서 인용한 마태복음 18장의 구절이 유독한 교인들을 다루고 있는 오늘날의 교회들에서 어떻게 적용될 수 있을까?

5. 서로 이끌어 주는 연합이 유독한 교인의 문제를 다루는 리더에게 어떤 도움이 될 수 있는가?

6

비결 6

고되고 긴 여정

부흥의
마법은
없다

은 탄환은 전설과 결부되어 있다. 여러 문학에서 은 탄환은 늑대인간, 뱀파이어, 마녀를 죽일 수 있는 마법의 탄환이다. 한 영화 속 서부의 총잡이는 정의와 법과 질서를 상징하는 은 탄환을 사용했다. 또한 그는 은 탄환이 일반 탄환보다 더 정확하다고 생각했다.

시간이 지나 은 탄환은 즉각적이고도 거의 마법적인 효과를 내는 특별한 해법을 가리키는 말이 되었다. 예를 들어, 많은 사람들에게 로또 당첨은 행복을 위한 은 탄환이다.

나는 지난 30년간 수백 개의 교회에 컨설팅 서비스를 제공해 왔다. 나는 무수히 많은 교회 리더들과 협력해 보았다. 은 탄환 신드롬은 이 외에도 수많은 교회에서 여전히 작용하고 있다. 은 탄환 신드롬에 빠진 사람의 말은 주로 "이것만 있으면…"으로 시작된다. 많은 교회 리더와 교인들이 자신의 교회를 회복시킬 마법의 해법을 제시한다.

분명히 말하건대 교회 소생을 위한 은 탄환 따위는 없다. 지름길은 없다. 소생으로 가는 길은 언제나 고되고 긴 여행이다.

우리가 소생한 교회들을 해부한 결과에 따르면, 은 탄환에 기대어 소생한 교회는 단 한 곳도 없었다. 소생한 교회들의 리더들과 교인들은 문제를 해결해 줄 마법의 해법을 가만히 앉아서 기다리기만 하지 않았다.

위의 문단을 다시 한 번 읽으라. 소생한 교회 중에 은 탄환 이론을 맹신한 교회는 단 한 곳도 없었다. 단 한 곳도! 이것이 의학 연구의 결과라면 세상이 뒤집힐 것이다. 단 하나의 예외도 없는 법칙이 나타났으니까 말이다.

실제로 이것은 실로 놀라운 발견이다. 소생한 교

회들의 해부 결과에 따르면, 은 탄환에 의존하면 소생이 나타나지 '않는' 것이 절대적으로 보장된다. 통계의 세계에서는 이것을 부적 상관이라고 부른다. '이것'(교회 회복을 위한 은 탄환을 기다리는 것)을 하면 '이것'(교회가 계속해서 쇠퇴하는 것)이 나타난다.

간단히 말해, 소생한 교회들의 리더들과 교인들은 교회의 문제에 대해 스스로 책임을 지고 행동했다. 그들은 문제를 다루어 줄 마법 혹은 신비의 해법을 기다리지 않았다. 그들은 하나님의 능력을 믿고 순종으로 나아가기 시작했다.

하지만 그 외에 수많은 교회를 연구할 때는 수많은 은 탄환에 관해서 들을 수 있었다. 그 중 다섯 가지를 반복적으로 들었다. 빈도수에 따라 차례로 살펴보자.

목사라는 은 탄환

이번 장을 쓰고 있는 시점에서 이 이야기는 꽤 최

근의 이야기이다. 하지만 그 전에도 비슷한 대화를 기억하지도 못할 만큼 많이 나누었다. 정확한 단어는 기억나지 않지만 대화는 전반적으로 다음과 같이 이루어졌다.

나는 한 자리에 모인 4명의 리더들에게 현재 교회의 문제점이 무엇인지 물었다. 교인 숫자는 지난 10년 사이에 175명에서 83명으로 줄어든 상태였다. 처음 입을 연 사람은 약간 농담조로 자신을 "교회에서 젊은 축에 속하는 교인"으로 소개했다. 그의 나이는 72세였다. 나중에 교인들 중 3분의 2가 그보다 나이가 많다는 사실을 알게 되었다.

"우리 교회에는 젊은 목사님이 필요합니다."

그는 자신 있게 말했다. 나는 설명을 부탁했다.

"젊은 목사님이 오시면 젊은 사람들이 새로 들어올 거 아닙니까? 전임 목사님은 너무 오래 계셨어요. 육십 대가 되어서야 나가셨거든요. 목사님이 연세가 많으시면 젊은 가족들이 오질 않아요."

4명의 리더 중에서 유일한 여성이 끼어들었다.

"나이만 문제가 아니에요. 전임 목사님은 심방을

잘 하지 않으셨어요. 교회를 떠나기 3년 전부터는 지역 주민들을 찾아가지도 않았고요. 목사님이 교인들과 지역 주민들을 찾아가지 않으면 교회가 어떻게 성장할 수 있겠어요? 목사님은 그냥 다 포기하셨던 것 같아요."

다른 리더가 말을 하기 전에 나는 전임 목사가 해임되었는지 물었다. 한 남성이 대답했는데, 그는 자신을 교회 재정 담당자로 소개했다.

"그렇기도 하고 아니기도 해요. 우리는 봉급을 다 드릴 수 없다고 했죠. 봉급과 상여금을 전부 반으로 삭감했어요. 그렇게 하자 목사님은 떠나겠다고 하셨죠."

대화는 같은 방향으로 계속되었다. 나는 이런 모임에 하도 많이 참석해 봐서 어떤 답이 나올지 뻔히 알면서도 일단 물었다.

"자, 그렇다면 제가 어떻게 도와드리면 될까요?"

그들이 한 목소리로 대답한 것으로 기억하지는 않지만 네 사람의 대답이 모두 다음과 같은 내용이었다.

"젊은 목사님을 찾아 주세요!"

이 은 탄환에 관해서 대충 감이 오는가? 목사라는 은 탄환은 우리가 소생을 추구하는 교회 리더들에게서 단연 가장 자주 들은 해법이었다.

그들은 젊은 목사를 원했다. 그들은 교인들을 심방하는 목사를 원했다. 그들은 지역 사회로 나가 복음을 전하는 목사를 원했다. 그들은 교회를 위해 일하는 목사를 원했다.

이런 교회에는 거의 희망이 없다. 이런 교회의 교인들은 사실상 목사가 아니라 고용된 일꾼을 원하고 있다. 그들은 자신들을 대신해서 사역해 줄 사람을 원하고 있다. 그들은 변화를 원하지 않는다. 그들은 고통스럽지만 꼭 필요한 결정을 내리기를 원하지 않는다. 그들은 목사라는 은 탄환을 원한다. 하지만 그 해법은 통하지 않는다.

돈이라는 은 탄환

나는 은행에 돈을 쌓아 두고서도 아파서 죽어 가는 교회를 많이 보았다. 반대로, 은행에 잔고가 거의 바닥이 난 상태에서 죽어 가는 교회도 많이 보았다. 그러고 보면 돈과 교회의 건강 사이에는 특별한 상관관계가 없다.

그럼에도 자금이 부족한 많은 교회가 추가적인 자금을 은 탄환으로 여기고 있다. 그런 교회의 리더들과 교인들은 돈이 해법이라는 증거로 더 부유한 교회를 가리킨다. 수년 전 내가 컨설팅을 한 교회를 예로 들어보겠다.

그 교회의 목사는 은퇴를 선언했다. 이에 교회 리더들은 우리에게 도움을 요청해 왔다(컨설팅을 은 탄환으로 여기는 교회들에 관해서 책 한 권은 족히 쓸 수 있다. 이런 교회는 컨설팅을, 교회 스스로는 변화를 위해 아무것도 할 필요 없이 외부 인력이 모든 것을 다해 주는 것으로 생각한다). 나는 화상통화를 통해 이 교회의 5명의 장로와 모임을 갖기로 약속했다.

상황은 심각했다. 그 교회는 8년 연속 하락세를 기록하고 있었다. 목사는 막 은퇴를 선언했지만 최소한 3년 전부터 이미 은퇴한 사람처럼 모든 일을 손에서 놓고 있었다. 출석 교인 숫자는 바닥이었다. 지역 사회에 미치는 영향력은 미미했다. 사기는 땅에 떨어져 있었다. 물론 재정도 바닥이 나 있었다. 출석 교인 숫자가 감소한 만큼, 헌금 액수도 크게 감소해 있었다. 나는 컨설팅을 위한 첫 인터뷰에서 늘 묻는 질문을 던졌다.

"무엇이 문제라고 생각하십니까?"

첫 번째 장로는 지역 사회의 상황을 탓했다.

"예전에는 마을 사람들이 우리 교회에 찾아왔어요. 다들 우리 교회가 어디에 있는지 알죠. 그런데 요즘은 왜 오지 않는지 모르겠어요."

지역 사회를 탓하는 것에 관해서는 이번 장의 뒤에서 다시 살펴보자.

두 번째 장로는 나머지 장로들의 의견을 대변하는 것처럼 보였다.

"자, 보세요. 사실을 봅시다. 우리는 시설 유지비

와 목사님 사례비도 겨우 지불하고 있어요. 돈이 없다는 말입니다. 반면에 우리 마을에는 온갖 편의시설을 갖춘 교회가 두 군데나 있어요. 편의시설의 규모가 실로 대단하죠. (시설 얘기는 나중에 더 해 보자.) 그곳에는 중고등부와 주일학교 담당 목사님들도 따로 있죠. 교회 홍보를 위해 사용하는 돈도 많을 거예요. 우리보다 월등한 점을 말하자면 끝이 없죠. 무슨 말이냐면, 돈이 조금 있으니 그만큼만 성장할 수밖에 없다는 겁니다."

컴퓨터 스크린으로 그곳에 모인 다른 장로들을 볼 수 있었는데, 모두가 고개를 끄덕이고 있었다. 그들이 볼 때 문제는 돈이 부족한 것이고 해법은 돈이 더 많아지는 것이었다.

나는 교인이 12명뿐이고 자금이 부족했던 뉴잉글랜드의 한 교회에 관한 이야기로 이 장로들을 격려하고자 했다. 그 교회는 신앙을 거부하는 지역 주민들을 위해 기도하면서 그들을 섬기기 시작했다. 2년 동안 때로 성장은 고통스러우리만치 더뎠지만 현재 이 교회의 출석 교인 숫자는 35명이다.

이 이야기를 마치고서 컴퓨터 스크린 속의 장로들을 보았다. 나는 벽과 이야기하고 있었다.

그들은 돈이 은 탄환이라고 생각했다. 그런 시각이 근본적으로 변하기 전까지는 그들을 도울 수 없다는 것을 알았다. 안타깝게도 그들의 시각은 변하지 않았다.

음악이라는 은 탄환

"저쪽에 있는 성장하는 교회는 현대 음악을 채택하고 있어요. 우리도 성장하려면 현대적인 교회로 변모해야 합니다."

물론 지역적 세대적 상황을 이해하는 것이 매우 중요하다. 그 상황에 따라 현대적인 음악을 비롯한 다른 예배 형식을 채택해야 할 수 있다.

그런데 솔직히 음악 스타일의 변화를 은 탄환으로 여기는 교회들에서 문제점은 대개 음악이 아니다. 상황을 이해하지 못하는 것과 전반적으로 변화의 의지가 없는 것이 문제점이다. 특정한 음악 스타일을 고집하는 것은 문제라기보다는 증상이다.

지인의 부탁으로 쇠퇴를 거쳐 죽음을 향해 가고 있는 한 교회의 남은 교인들에게 강연을 하게 되었다. 그들은 내가 은 탄환이 될 수 있을 것이라고 생각했다. 내가 어떤 메시지를 전했는지는 기억나지 않지만 그들의 질문은 똑똑히 기억이 난다.

- 찬송가집을 없애야 할까요?
- 화면에 나오는 저 오래되고 투박한 모니터를 사용해야 할까요?
- 로큰롤 교회로 변신해야 할까요?
- 예배에 기타를 사용해야 할까요?
- 드럼을 사용해야 할까요?

드럼에 관해서 물은 사람은 계속해서 이렇게 말했다.

"드럼은 내 눈에 흙이 들어가기 전까지는 절대 안돼요!"

그러자 다른 교인들이 박수갈채를 보냈다.

그들은 소생한 교회는 음악과 예배에 대한 한 가지 접근법을 취하고 있다는 잘못된 관념을 어디선가 얻었다. 그리고 그들은 그 접근법이 영 마음에 들지 않았다.

그 교회의 문제점은 예배와 음악의 스타일이 아니라 내적인 초점이었다. 소생을 위해 음악과 예배 형식이 바꾸는 것은 가장 두려운 일일 수 있다. 반대로, 그것을 은 탄환으로 여길 수도 있다. 내가 방문했던 그 교회는 같은 해에 문을 닫았다.

장소 이전이라는 은 탄환

대부분의 교회에 장소 이전은 필요하지 않았다. 그냥 현재 있는 지역을 제대로 공략해야 한다. 물론 지역 사회가 없어진 드문 경우가 있기는 하다. 지역이 상업지구나 산업지구로 완전히 바뀐 경우가 그렇다. 그런 상황은 드물고 예외적이다. 대부분의 교회에는 전도할 텃밭이 있다. 하나님은 대부분의 교회에 공략한 장소를 주셨다. 교회 주소가 괜히 있는 것이 아니다.

하지만 익숙한 시나리오가 펼쳐진다. 지역이 변하면서 많은 교인이 다른 지역으로 빠져나간다. 새로운 주민들은 많은 면에서 교인들과 다르다. 주민들과 교인들 사이의 상호작용이 거의 혹은 전혀 없다. 교인들은 더 이상 그 지역에 살지 않으니까 말이다.

지역 주민들이 유입되지 않으면서 교회는 내리막길을 걷기 시작한다. 교회가 지역 사회에 다가가려는 노력을 하지 않는다는 뼈아픈 현실은 이 문제를 더욱 가중시킨다. 하지만 교회의 주소는 괜히 있는 것이 아니다.

너무도 많은 교회가 지역을 탓한다. 교인들과 리더들은 장소를 옮기는 것이 은 탄환이라고 생각한다. 물론 대부분의 교인들이 다른 지역에서 살고, 지역 사회를 잘 섬길 사람들에게 교회 건물을 매각할 수 있다면 장소 이전이 합당한 해법일 수도 있다.

문제는 장소 이전이 간단한 일이 아니라는 것이

다. 실제로 장소 이전을 감당할 수 있는 교회는 얼마 되지 않는다. 또 다른 문제는 장소 이전이 대개 내적인 초점에서 비롯한다는 것이다.

매우 드문 경우에만 장소 이전은 지상대명령을 제대로 수행하기 위한 교회로 거듭나기 위한 해법이 될 수 있다.

시설이라는 은 탄환

이 은 탄환은 돈이나 장소 이전의 변형이라고 말할 수 있다.

"건물만 멋지게 지으면 사람들이 찾아올 것이다"라고 믿는 교회들이 있다. 하지만 영화 〈꿈의 구장〉(Field of Dreams) 같은 일은 좀처럼 벌어지지 않는다. 지역 주민들이 새로운 예배당이나 편의시설만 기다리고 있다는 확신으로 새로운 시설을 짓는 교회들을 수없이 보았다. 하지만 새로운 사람들이 오기는커녕 새로운 빚만 잔뜩 늘어서 사역들에 제동이 걸리는 경우가 다반사이다.

오해하지는 말라. 여력이 닿을 때마다 시설을 업그레이드해야 한다. 때로는 새로운 시설을 지어야 한다. 사실, 건물 상태가 심각한 방치와 무관심을 보여 주는 교회들도 수없이 보았다. 이런 교회는 시설에 대해 필요한 조치를 취해야 한다.

하지만 시설을 은 탄환으로 보지는 말라. 시설은 결코 은 탄환이 될 수 없다.

은 탄환은 없다

교인들과 리더들에게 교회 소생에 관한 소식을 들으면 그렇게 반가울 수가 없다. 기도와 끈기와 결단력과 순종에 관한 이야기는 아무리 들어도 질리지가 않는다. 이 길은 쉽지 않지만 그들은 순종과 희생과 섬김의 길을 선택했다.

내가 들어보지 못한 말은 무엇인지 아는가? 은 탄환으로 문제를 해결하고 교회를 회복시켰다는 말은 한 번도 들어본 적이 없다.

당신이 무슨 말을 할지 잘 안다.

"새로운 목사를 영입해 놀라운 회복을 경험한 교회는 무엇인가?"

그런 교회에서는 새로운 목사를 은 탄환으로 보지 않았다. 목사가 교회의 문제에 대한 유일한 마법의 해법이 아니었다. 목사가 건강한 소생 과정을 이끌려면 혼자서 애를 써서는 불가능하다. 교인들이 교회의 소생을 위해 목사와 힘을 합쳐야 한다. 교인들이 목사와 협력해야 한다. 교인들이 목사와 함께 사역을 해야 한다. 교인들이 교회와 목사를 위해 기도해야 한다.

목사를 은 탄환으로 보는 교회는 사실상 목사를 고용된 일꾼으로 보는 것이다. 이런 곳에서는 목사가 심방하고 전도하고 권면하고 모임에 참석하고 문제를 해결하고 나서 시간이 남으면 설교도 준비해야 한다. 교인들이 그런 일을 도와주리라는 기대는 하지도 말라. 그런 일을 하라고 목사에게 봉급을 주는 것이다.

하지만 소생한 교회들을 해부해 보니 그곳의 교인들과 리더들은 교회의 소생이라는 중차대한 일을 남에게 미루지 않고 너도나도 팔을 걷어붙이고 나섰다. 그들은 순종하는 일을 남들에게 위임하거나 외주로 줄 수 없다는 점을 이해했다. 또한 그들은 은 탄환을 통해서는 회복이 불가능하다는 점을 이해했다.

소생한 교회들은 은 탄환 따위는 없다는 점을 이해했다.

Questions

1. 당신은 교회를 위한 은 탄환을 어떻게 이해 혹은 정의하는가?

2. 은 탄환이라는 개념은 마태복음 28장 19-20절이나 사도행전 1장 8절에 기록된 지상대명령과 왜 맞지 않는가?

3. 왜 목사가 교회들이 가장 흔히 떠올리는 은 탄환이라고 생각하는가?

4. 왜 예배나 음악 스타일이 많은 교회에서 은 탄환으로 그토록 자주 거론되는가?

5. 교회는 은 탄환에 집착하는 태도를 버리기 위해서 무엇을 해야 하는가?

7

비결 7

새신자 교육

소그룹과 사역에
동시에 참여시켜
소속감을 느끼게 하다

우리 교회의 등록 교인 명부에는 이미 세상을 떠난 사람이 50명이 넘었다. 15명은 이미 다른 한 교회의 등록 교인이었고, 10명은 다른 두 교회의 등록 교인들이었다. 그 숫자를 빼고 나니 120명밖에 남지 않았다!

그 교회는 나의 첫 교회이다. 우리 가족이 합류하기 전까지 출석 교인 숫자는 7명이었다. 몹시 궁금했다. 어떻게 124명의 등록 교인 중에서 겨우 7명만 정기적으로 출석할 수 있는가?

나는 교회 서기에게 등록 교인 명부를 달라고 부탁했다. 그런 다음, 7명의 출석 교인들을 한자리에 모아 이름을 불렀다.

"짐 루스벨트(Jim Roosevelt)?"

"돌아가셨습니다."

"조안나 채프먼(Joanna Chapman)?"

"12년 전에 다른 교회로 가셨습니다."

"브라이언 프리먼(Bryan Freeman)?"

"누구요? 들어 본 적이 없는 이름인데요?"

"패트리샤 뉴먼(Patricia Newman)?"

"그분도 돌아가셨습니다. 아름다운 장례식이었죠. 아마 20년 전쯤이죠."

무슨 상황인지 이해가 갈 것이다. 우리 교회의 '등록 교인들' 중 51명이 이미 세상을 떠나 있었다. 그 외에도 많은 교인이 다른 교회로 떠난 상태였다. 일부 교인들은 행방불명이었다. 몇몇 교인은 남아 있는 교인들이 전혀 모르는 사람들이었다.

등록 교인 명부를 새로 만들 필요가 있었다. 현실과 동떨어진 숫자는 사람들로 하여금 교인 등록의 필요성을 의심하게 만들 뿐이다. 하지만 교인 등록은 필요한 것이며 성경적인 것이다.

성경에서는 교인을 지체로 부른다. 성경의 어

느 구절에서 교인을 처음 "지체"로 부르는지 기억하는가? 고린도전서 12장이다. 바울은 고린도 교인들에게 교회가 그리스도의 몸과 같다고 말한다. "손", "귀", "눈" 같은 부분들은 각기 기능을 갖고 있다(15-16절). 그는 이러한 각 부분을 "지체"라고 부른다(25절). 그리고 이 놀라운 비유를 마치면서 교회를 향해 이렇게 말한다. "너희는 그리스도의 몸이요 지체의 각 부분이라"(27절).

요지는 분명하다. 교인 등록은 단순히 명부에 이름을 올리는 것이 아니다. 사람들을 그런 식으로 관리하는 것은 잘못이 아니지만, 교인 등록의 핵심은 궁극적으로 소속되고 기여하는가이다. 우리는 신자들의 공동체에 속해 있다. 그리고 우리는 그 공동체를 섬기고 그 공동체에 기여하는 지체들이 되어야 한다.

고린도전서 15장에 "손"더러 일하기를 그만두라고 하는 구절은 없다. "귀"더러 듣기를 그만두라고 하는 구절은 없다. "발"더러 가기를 그만두라고 하는 구절은 없다.

교인 등록에는 의미가 있다. 교인 등록은 몸 전체의 유익을 위해 희생하는 것을 의미한다. 교인 등록에는 분명한 기대 사항들이 따른다.

조용한 혁명

지난 30년간 교인 등록에 관한 혁명이 이루어졌다. 그것은 알아 주거나 축하해 주는 이가 거의 없는 조용한 혁명이었다. 전 세계에서 수많은 교회가 무의미한 교인 등록 방식에서 의미 있는 교인 등록 방식으로 전환했다. 이전 방식은 그저 교인 등록 명부에 명단을 더하는 것뿐이었다. 새로운 방식은 정보와 기대 사항을 분명히 전달하면서 새로운 신자들이 교회에 적극 참여하도록 만드는 것이다.

이런 등록 과정을 흔히 '새신자 교육' 같은 명칭으로 불렀다. 우리는 컨트리클럽에 등록하듯 교회에 등록하지 않는다. 교인은 그저 자신이 할 일을 하고서 보상을 받는 사람이 아니다. 교인은 자신을 희생적으로 내어 주고 남들을 희생적으로 섬기는 사람이다. 성경적인 교인 자격은 세속적인 멤버십과 전혀 다르다. 성경적인 교인 자격은 받는 것이 아니라 줄 때, 섬김을 받는 것이 아니라 섬길 때 주어진다.

소생한 교회들을 해부한 결과, 그 교회들 대부분이 이런 혁명에 참여했다는 사실을 발견했다. 미주리 주의 한 교회를 담임하는 목사는 소생한 교회들에서 흔히 발견할 수 있는 이야기를 우리에게 전해 주었다.

"우리의 문제점 중 하나는 성경적인 교인 역할이 무엇인지를 전혀 모르는 교인들과 함께 교회의 소생을 추구했다는 겁니다. 그 교인들은 교회를 사실상 사교 장소이자 개인적인 필요를 채우는 곳으로 여기고 있었습니다. 그런 교인들과 함께 변화를 추진했으니 매번 벽에 부딪쳤지요."

우리는 그에게 구체적으로 어떤 변화들을 추진했는지 물었다.

"음, 먼저 새신자 교육을 시작하기 위해 기존 교인들에게 허락을 구해야 했습니다. 새신자들에게 성경적인 교인 역할을 가르치고 교회의 기대 사항을 분명히 전달해야 했습니다."

"잘 진행되었나요?"

"처음에는 그렇지 못했습니다. 새신자 교육을 시작한다는 것은 곧 변화를 의미했으니까요. 기존 교인들은 변화를 원하지 않았습니다. 마침내, 주된 문제점을 알아냈습니다. 기존 교인들은 자신들도 교육을 받아야 할까 봐 부담이 되었던 겁니다."

그 목사는 잠시 말을 멈추고서 미소를 지어 보였다.

"그래서 모든 기존 교인들에 대해 '교육 열외'를 선포했습니다. 기존 교인들은 새신자 교육을 받을 필요가 없었습니다. 새신자 교육은 말 그대로 새신자만을 대상으로 했습니다. 모든 교인이 교육을 받았으면 좋겠지만 주어진 상황에 맞게 해야 했죠."

그는 계속해서 말했다.

"시간이 지나면서 자신을 내어 주며 남들을 섬길 준비가 된 교인들을 얻기 시작했습니다. 그들의 태도는 교육을 받지 않은 교인들과 완전히 달랐죠. 그로 인해 처음에는 다소 거부감을 가진 이들도 있었지만 3년쯤 지난 지금은 흐름이 바뀐 것이 확실히 느껴져요."

'3년이나?'

그는 내 얼굴에 담긴 질문을 읽었다.

"교회 소생은 길고 힘든 과정이니까요. 하루아침에 되는 경우는 거의 없답니다. 하나님이 저를 다른 곳으로 이끄실 때까지 평생 이 교회에 헌신하기로 결심했습니다. 그렇게 보면 3년은 그리 긴 시간이 아니지요."

해부 결과, 대부분의 소생한 교회들은 무의미한 교인 등록 방식에서 의미 있는 교인 등록 방식으로 전환했다. 그중 가장 흔한 변화는 새신자 교육을 도입한 것이었다. 새신자 교육에 관해서 좀 더 깊이 파헤쳐보자.

효과적인 새신자 교육의 3가지 요소

우리는 소생 과정의 공통적인 요소들을 살피면서 소생한 교회들에 대한 여행을 시작했다. 하지만 그 과정에서 훨씬 더 많은 것을 배웠다. 그중 하나가 새신자 교육에 관한 교훈이다.

물론 새신자 교육은 이 외에도 여러 명칭으로 불렸다. 개중에는 별난 명칭도 있었다. 하지만 여기서 명칭 이야기를 장황하게 할 생각은 없다. 그보다는 실제로 어떤 일이 일어났는지 소개하고 싶다. 가장 공통적으로 일어난 일은 교인들에게 많은 기대를 하지 않던 것에서 많은 기대를 하는 것으로 바뀐 것이다. 우리의 해부 결과, 새신자 교육은 여러 단계로 이루어져 있었다.

첫 번째 단계는 단순한 '정보' 전달을 위한 새신자 교육이다. 소생한 교회들의 새신자 교육에는 모두 이 단계가 포함되어 있었다.

두 번째 단계는 교인들에 대한 '기대 사항들'을 전달하는 것이다. 잠시 뒤에 기대 사항들의 본질에 관해서 자세히 살펴볼 것이다. 소생한 교회들 중 약 3분의 1은 새신자 교육 시간에 교인들에 대한 기대 사항을 가르쳤다.

세 번째 단계는 '동화' 과정이다. 다시 말해, 새신자들은 사역이나 소그룹 활동에 참여한 '뒤'에야 비로소 온전한 교인으로 등록된다. 사실, 소생한 교회 다섯 곳 중 한 곳 정도에서만 새신자 교육에 동화 단계를 포함시켰다. 하지만 이 단계에 주목할 필요성이 있는 것은 이 단계를 접목한 교회들이 세 단계 모두에서 가장 좋은 결과를 보고했기 때문이다.

플로리다 주의 한 목사는 이렇게 말했다.

"우리는 새신자들에게 바로 사역에 참여하라고 권하면서 새신자 교육을 마무리했습니다. 새신자들이 가장 많이 참여한 사역은 안내위원이었습니다. 새신자 교육에 동화 과정을 포함시켰더니 그 과정이 얼마나 효과적으로 이루어지는지 놀랄 정도였습니다."

이제 새신자 교육의 이 각 단계를 더 깊이 살펴보자.

1단계 : 정보

우리가 해부한 소생한 교회들은 새신자 교육을 새로 개설하거나 없었던 새신자 교육을 다시 살리거나 기존의 새신자 교육을 크게 개선했다. 다시 말해, 소생한 교회들에서 일관되게 나타난 변화 중 하나는 새신자들을 정식 교인으로 받아들이는 과정을 더욱 강화한 것이다.

모든 새신자 교육 과정은 새신자들을 위한 정보를 제공했다. 일부 정보들은 공통적이었다. 예를 들어, 모든 새신자 교육에는 교회의 신념이나 교리가 포함되었다. 대부분의 새신자 교육에서는 교역자들을 소개하는 시간도 있었다. 교회가 교단에 속한 경우에는 교단에 관한 정보를 제공하는 경우도 많았다.

많은 교회 리더들이 정보에 교회의 비전을 포함시켜야 한다고 강조했다. 존(John)은 노스캐롤라이나 주에 있는 한 초교파 교회의 행정 목사인데, 그의 주된 책임은 새신자들의 동화를 돕는 것이다. 그는 우리에게 이렇게 말했다.

"우리는 '배출 수업'(Launch Class)에서 교회의 비전을 크게 강조합니다. 우리가 무엇을 왜 하고 있는지를 모든 교인이 반드시 알아야 합니다. 우리 교회는 오랜 세월 동안 비전을 잊고 지냈기 때문에 이것이 매우 중요합니다. 우리는 신앙생활을 하는 시늉만 하고 있었습니다. 그러니 쇠퇴는 너무도 당연했죠. 소생이라는 힘든 길을 시작하면서 힘든 결정을 내리고 까다로운 조치를 단행해야 했습니다. 그런 변화와 새로운 길이 결국 우리 교회의 비전이 되었습니다. 우리가 걸어온 길과 가고 있는 방향을 다시 잊어버리고 싶지 않습니다. 예전처럼 흉내만 내고 신앙생활로 돌아가기 싫기 때문입니다."

존은 새신자 교육 시간에 비전을 전달한 것이 교회의 건강에 매우 중요했다고 힘주어 말했다. 그에게는 이것이 교리 다음으로 중요했다. 물론 새신자 교육에 이 외에도 온갖 정보를 포함시킬 수 있다. 그런데 우리가 해부한 교회들의 리더들은 잊어버리기 쉬운 정보들을 한꺼번에 주입하려고 하지 않았다. 대신 그들은 문서화된 자료를 제공하거나 교회 웹

사이트에 정보를 실었다. 몇몇 더 혁신적인 교회들은 새신자들이 각자 집에서 할 수 있는 짧은 동영상 강좌를 녹화해서 배포했다.

2단계 : 기대 사항

소생한 교회 3개 중 2개는 새신자 교육 시간에 기대 사항들을 분명히 전달했다. 나와 에릭 게이거(Eric Geiger)가 《단순한 교회》(Simple Church)에서 보여 준 것처럼 기대 사항들을 비전 선언문에 포함시킨 경우도 드물지 않았다.

예를 들어 "하나님을 사랑하라. 남들을 사랑하라. 남들을 섬기라. 아낌없이 주라"라는 비전 선언문을 정할 수 있다. 이 비전 선언문을 통해 교인들은 최소한 예배에 충실하게 참석하고(하나님을 사랑하라), 소그룹에 참여하고(남들을 사랑하라) 어떤 식으로든 사역에 참여하고(남들을 섬기라) 헌금 생활을 충실히 해야 한다(아낌없이 주라)는 기대 사항을 배울 수 있다.

소생한 교회들이 항상 《단순한 교회》 스타일의 비전 선언문으로 기대 사항을 전달한 것은 아니다.

하지만 그 교회들 대부분은 교인이 되면 특권과 책임이 동시에 따른다는 사실을 분명히 전달했다.

제니(Jennie)는 매사추세츠 주의 한 소생한 교회에서 동화 과정을 책임지고 있다. 그녀는 새신자 교육을 통해 기대 사항을 전달한 덕분에 교회가 근본적으로 변했다고 말했다.

"우리 교회의 문화가 1년 만에 완전히 바뀐 것이 그저 놀랍기만 합니다. 우리 교인들은 특권 의식을 버리고 섬김의 태도를 품게 되었습니다. 이 모든 변화는 새신자 교육 방식의 변화에서 비롯했답니다."

정보는 새신자 교육의 기초이다. 새신자 교육 시간에 기대 사항을 전달하면 교회가 변한다. 하지만 세 번째 단계인 동화를 새신자 교육에 추가하면 그야말로 대변혁이 일어날 수 있다.

3단계 : 동화

베리(Barry)는 우리에게 이렇게 말했다.

"동화를 말하는 교회 리더들은 많지만 동화를 새신자 교육과 결합시키는 교회는 보기 드뭅니다. 왜 그런지 모르겠어요. 그렇게 하기만 하면 교회 전체가 몰라보게 좋아지는데 말이에요."

베리는 인디애나 주에서 목회를 하는 목사이다. 그의 교회는 출석 교인 숫자 200명을 돌파하기 직전이다. 그 교회의 이야기는 실로 놀랍다. 불과 5년 전만 해도 그 교회의 출석 교인 숫자는 22명이었다. 당시 그 교회는 문을 닫을지 진지하게 고민하고 있었다.

이 교회의 소생에는 많은 요인이 작용했겠지만 새신자 교육 시간에 동화를 시도한 것이 기도 다음으로 중요한 요인 중 하나였다고 말한다.

"선생님의 책 《죽은 교회를 부검하다》를 읽고서 변하지 않으면 죽을 수밖에 없다는 것을 깨달았어요. 우리 교회가 죽어서 부검을 받는 교회들 중 하나가 되는 것은 생각만 해도 끔찍했어요. 선생님이 죽을 뻔하다가 살아난 교회들에 대한 책을 쓰신다니 정말 반갑습니다. 바로 그것이 우리 교회의 이야기랍니다."

그 교회가 단행한 많은 변화 가운데 하나는 기존

교인들의 반발에도 불구하고 새신자 교육을 시작한 것이었다.

"어차피 잃을 것은 없었어요. 교인들은 변화라면 무조건 질색했죠. 이제 다른 선택사항은 죽음뿐이었어요. 그래서 비판의 소리에 귀를 닫고 무조건 밀고 나갔죠."

베리의 교회는 새신자 교육에 3단계를 모두 접목시킨 소수의 교회 중 하나였다. 소생한 교회 다섯 곳 중 약 한 곳만 정보, 기대 사항, 동화 과정을 모두 포함하도록 새신자 교육을 개선했다. 새신자 교육에 이렇게 세 단계를 모두 포함시킨 그 교회들은 우리가 해부한 교회들 중에서 가장 극적인 회복을 보였다.

그렇다면 새신자 교육에서 동화는 구체적으로 어떻게 이루어지는가? 가장 단순한 형태는 사역이나 소그룹, 공부반에 참여하기 전까지는 누구도 정식 교인으로 받아들이지 않는 것이다.

베리의 교회에서는 새신자들이 소그룹과 사역에 '동시에' 참여해야 했다.

"대부분의 경우 우리는 새신자들을 안내위원 팀에 합류시켰습니다. 출발점으로 제격이었죠. 새신자들은 교인들과 방문자들을 환영하면서 낯을 익히고, 팀 안에서도 서로 친해질 수 있었습니다."

베리는 새신자가 6개월 동안 안내위원으로 봉사하는 것이 규정이지만 많은 사람이 자진해서 그 이후까지 봉사를 계속한다고 말했다.

해부 결과는 분명했다. 소생한 교회들은 거의 의미 없는 교인 등록 방식을 매우 의미 있는 교인 등록 방식으로 바꾼 교회들이었다. 의미 있는 교인 등록을 위해 흔히 사용된 도구는 새신자 교육이었다. 새신자 교육에 새신자들이 알아야 할 정보는 반드시 포함되었고, 등록 교인들에 대한 기대 사항들이 포함된 경우도 많았다. 상대적으로 드물지만, 가장 큰 효과를 본 소수 교회들은 새신자 교육을 동화를 위한 출발점이자 실습 단계로 삼았다.

발견한 회복의 비결들

물론 소생한 교회들에 대한 해부를 통해 발견한 요인들을 계속해서 소개할 수 있다. 하지만 이 책의 목적은 교회 소생의 주된 요인들에 초점을 맞추는 것이다. 여기서 다룬 7가지 요인(책임을 받아들이는 것, 전통의 함정을 극복하는 것, 점수판을 확장하는 것, 강력한 기도를 열심히 드리는 것, 독소를 다루는 것, 은 탄환을 더 이상 추구하지 않는 것, 의미 있는 교인 등록 방식을 갖추는 것)이 다른 요인들보다 두드러졌다.

하지만 나는 진정으로 유용한 연구는 '무엇'만이 아니라 '어떻게'를 보여 준다는 점을 배웠다. 7가지 해부 결과는 무엇이 일어났는지를 말해 주지만 우리는 그 이상을 알기를 원했다. 우리는 그 교회들이 소생으로 가는 힘들고 불편한 길을 '어떻게', 나아가 '왜' 가기 시작했는지를 알고 싶었다. 마지막 장에서 우리의 해부를 마무리하면서 이 모든 일이 왜 일어났는지를 살펴보자.

——————— Questions

소그룹에서
함께 나눌
질문들

1. 왜 그토록 많은 교인 명부가 부풀려지고 부정확할까?

2. 이런 부풀려진 교인 명부는 우리 교회들에 관해서 무엇을 말해 주는가?

3. 새신자 교육에서 1단계인 정보 전달 단계에 어떤 요소들을 포함시켜야 한다고 생각하는가?

4. 새신자 교육에 교인들에 대한 기대 사항들을 포함시켜야 하는 이유는 무엇인가?

5. 동화를 위한 중요한 첫 단계로 새신자 교육을 사용하는 교회가 상대적으로 적은 이유는 무엇일까?

교회들의 소망, 부흥

왜
변해야
하는가

PART 2

Anatomy of a
Revived
Church

8

살기로 선택한 교회들의 열매

변화에 대한
저항을 넘어,
다시 부흥을 맛보다

로버트는 고통스러워했다. 반면, 앨리샤(Alicia)는 새로운 기쁨을 발견하고 있었다.

로버트는 이 책의 첫머리에서 소개한 상처 입은 사람이었다. 그의 교회는 문을 닫았다. 그 교회는 그가 결혼식을 올리고 그의 자녀들도 결혼식을 올린 곳이었다. 그는 자신의 교회가 문을 닫았다는 표현을 쓰지 않았다. 그는 자신의 교회가 죽었다는 표현을 썼다. 그만큼 그 일은 개인적으로 깊은 상처가 되는 일이었다. 매우 고통스러운 일이었다.

앨리샤의 이야기는 전혀 다르다. 그녀의 이야기는 날이 갈수록 더 좋아지고 있는 이야기다.

"저는 끔찍한 교인이었어요."

그녀는 느닷없이 이렇게 말했다. 여기서 나는 '느닷없이'란 단어를 무심코 고른 것이 아니다. 로버트와 마찬가지로 앨리샤는 내가 강연하던 집회의 쉬는 시간에 나를 찾아왔다. 내가 강단에서 내려오자마자 그녀는 내 팔을 와락 잡고서 느닷없이 이야기보따리를 풀어놓았다.

수많은 사람과 이야기를 나누어 보았지만 스스로 끔찍한 교인이라고 말한 사람은 처음이었다. 앨리샤를 전에 만나본 적은 없었다. 따라서 그것이 내가 그녀에게서 처음 들은 말이었다. 그녀의 뜬금없는 말에 호기심이 생겼다. 하지만 질문을 할 필요도 없었다. 그녀는 숨도 돌리지 않고 말을 이어갔다.

"6년 전쯤, 우리 교회는 급속도로 쇠퇴해 가고 있었지요."

그녀는 빠른 속도로 설명했다. 다른 사람이 내게 말을 걸기 전에 빨리 자신의 이야기를 전부 하고 싶어 하는 눈치였다.

"불쌍한 우리 목사님은 심한 푸대접을 받으셨죠." 그녀는 감정이 북받쳐 오르는지 잠시 말을 잇지 못했다.

"제가 가장 못되게 군 교인 중 하나였죠. 목사님은 변화를 이루려고 하셨어요. 우리 교회가 문제가 심각해서 죽어 가고 있다는 걸 아셨죠. 목사님은 어디까지나 우리 교회가 잘되기를 바라셨어요."

나는 어떻게 해서 그녀의 태도가 바뀌었고, 나아가 그녀의 교회가 바뀌었는지를 알고 싶었다. 그녀는 알아서 나머지 이야기를 이어갔다.

"그날도 저는 화가 머리끝까지 치밀어 있었죠. 월요일 아침이었는데 전날 예배에서 이루어진 몇몇 변화가 정말 마음에 들지 않았어요. 당장 목양실로 쫓아가 따질 생각이었어요. 그런데……."

그녀는 잠시 말을 멈추었다가 이내 입을 열었다.

"목양실의 문이 살짝 열려 있었어요. 문을 박차고 들어가려는데 목사님이 무릎을 꿇고 문 반대쪽을 향하고 있는 것이 보였어요. 목사님은 흐느끼며 기도하고 계셨죠. 자신이 하나님의 역사에 방해가 되면 이 교회의 목사직을 내놓겠다는 기도였어요. 그 말이 비수처럼 제 가슴을 찔렀죠. 어찌나 마음이 아프

던지요."

그녀가 강한 성격의 소유자라는 것을 알 수 있었다. 그녀는 자신이 어떻게 변했으며 지금은 그 성격을 어떻게 좋은 쪽으로 사용하고 있는지 설명했다. 그녀는 목사의 가장 든든한 지지자 가운데 한 사람이 되었다. 그녀는 다른 사람들도 목사님을 도와 교회에 필요한 변화를 따르도록 설득했다.

"무엇보다도 저는 하나님이 역사하시고, 신실한 우리 목사님이 우리를 잘 이끄시도록 뒤로 빠졌어요. 우리 교회가 자신보다 남들을 더 생각하는 쪽으로 방향을 트는 순간, 회복은 이미 시작되었답니다."

"우리 교회가 자신보다 남들을 더 생각하는 쪽으로 방향을 트는 순간, 회복은 이미 시작되었답니다." 이 말은 많은 의미를 함축하고 있다. 회복된 이 교회들의 이야기를 이 한 문장보다 더 잘 요약하기는 힘들 것이다.

수년 전 우리 연구 팀은 내부에 초점을 맞춘 교회들을 연구했다. 그 연구는 소생한 교회들에 대한 우리의 해부를 보완해 준다. 이전 연구는 '이전'이고 이번의 해부는 '이후'라고 보면 된다. 내부에 초점을 맞춘 교회들의 10가지 주된 행동 패턴을 살펴보고 그것들을 소생한 교회들과 비교해 보자.

행동 변화 1 : 예배를 둘러싼 전쟁을 넘어

내부에 초점을 맞춘 교회들에서는 많은 교인들이 예배 시간에 자신들이 선호하는 교회 음악이 사용되기를 원했다. 그 음악을 조금이라도 바꾸려고 하면 곧바로 분노와 저항이 나타났다. 예배 순서를 그대로 유지해야 했다. 특정한 악기들은 고수하고 특정한 악기들을 금지했다.

하지만 소생한 교회들에서는 교인들이 자신의 취향에 맞는 음악 스타일을 고집하지 않았다. 그들은 무엇이 교회에 최선이며, 현재 상황에 맞게 예배와 음악을 어떻게 바꾸어야 할지를 물었다.

앨리샤는 우리에게 이렇게 말했다.

"새로운 음악에 적응하려고 노력했답니다. 우리

가 하나님께 마음을 드리면 하나님은 우리의 취향까지도 바꿔 주신답니다. 정말 놀라운 일이죠."

행동 변화 2 : 긴 회의를 넘어

우리의 이전 연구에서 쇠퇴해 가는 교회들은 대개 회의에 불필요하게 많은 시간을 허비했다. 대부분의 회의는 사소한 문제로 논쟁하는 시간이었고, 지상대명령과 대계명이 토론의 주제인 경우는 좀처럼 없었다. 대부분의 회의는 다툼과 분열의 시간이었다.

물론 소생한 교회들에도 회의를 한다. 하지만 그 회의는 중차대한 문제를 논하는 시간이다. 그리고 분명한 목적과 의제가 있는 시간이다. 단순히 정해진 시간을 채우기 위한 회의가 아니다. 단순히 일정표에 회의 시간이 잡혀 있다는 이유만으로 회의를 하지는 않는다.

쇠퇴해 가는 교회들의 회의는 형식적이고도 분열

적이다. 소생한 교회들은 불필요하고 장황한 회의에서 벗어났다.

행동 변화 3 : 시설에 대한 집착을 넘어

쇠퇴해 가는 교회들에서는 시설이 우상이 되어 버린 경우가 많다. 시설은 휴게실, 성도석, 명판, 창문 따위가 될 수 있다. 그런 교회에서 최우선순위 중 하나는 가구를 비롯해서 건물과 땅의 가시적인 부분들을 보호하고 보존하는 것이다.

우리가 소생한 교회들을 해부한 결과, 전혀 다른 마음가짐이 나타났다. 그 교회의 리더들도 시설을 잘 관리하기를 원했다. 하지만 그 이면의 동기는 완전히 달랐다. 그들은 건물과 땅을 더 큰 목적을 위한 수단으로 보았다.

반면, 쇠퇴해 가는 교회들은 시설을 수단이 아니라 그 자체로 목적으로 보는 경우가 많았다. 쇠퇴해 가는 교회들에서는 시설을 일종의 우상으로 보는 경우가 많았다.

반면, 소생한 교회들은 시설 자체에 집착하지 않았다. 시설은 더 큰 목적을 위해 사용되는 수단일 뿐이었다. 그 목적은 바로 하나님께 영광을 돌리는 것이다.

행동 변화 4 : 프로그램 중심을 넘어

모든 교회에는 프로그램이 있다. 심지어 스스로 인정하지 않아도 프로그램이 없는 교회는 없다. 사역을 특정한 방식으로 운영하면 그것이 곧 프로그램이다. 문제는 프로그램 자체가 아니다. 프로그램이 더 큰 사역의 수단이 아닌 목적이 되면 문제가 발생한다. 건강하지 못한 교회들은 그릇된 이유로 프로그램에 집착한다. 대개 그 이유는 "그것이 우리가 늘해 왔던 방식"이라는 것이다.

소생한 교회들을 해부했을 때 프로그램을 반대하는 태도는 발견되지 않았다. 소생한 교회들은 대부분 프로그램과 사역의 틀을 건강한 방식으로 사용했다. 프로그램에 집착하지는 않았다. 오히려, 옳은 목적에 부합하는지에 따라 모든 프로그램을 냉정하게 평가했다. 그래서 프로그램이 효용을 다하거나 시대에 뒤떨어지면 미련 없이 폐기했다.

행동 변화 5 : 내부에 초점을 맞춘 예산을 넘어

건강하지 못한 교회들은 사역에 점점 더 적은 돈을 사용하는 경향이 있다. 물론, 예산이 줄어드는 이유도 있다. 하지만 교회 밖에서 사람들을 섬기기보다 자기 교인들을 챙기기 위해 너무 많은 예산을 사용하는 교회가 너무도 많다.

소생한 교회들은 교회 밖의 사역에 더 많은 예산을 사용하기 위해 노력했다. 그 교회들은 그런 사역에 점점 더 많은 자금을 투입하기 위해 모든 방법을 강구했다.

쇠퇴해 가는 교회들은 늘 교인들을 편하게 해 주

기 위한 방법만 찾는다. 소생한 교회들은 늘 교회 밖의 사역에 자금을 투입할 방법을 찾는다.

행동 변화 6 : 목사의 인정을 바라는 태도를 넘어

모든 교인들은 관심과 돌봄을 받아 마땅하다. 힘들고 어려운 시기에는 더더욱 그렇다. 하지만 교인들이 사소한 일에서도 대접을 받으려고 하면 문제가 발생한다. 자신이 정식 등록 교인이라는 이유만으로 목사가 자신을 주기적으로 심방해 주기를 바라는 교인들도 있다.

하지만 우리가 소생한 교회들을 해부한 결과에 따르면, 그 교인들은 섬김을 받기보다 섬기는 것을 자신의 주된 역할로 보았다. 그 교인들은 스스로 봉사의 일을 할 준비가 되었다고 믿었다. 그들은 자신의 필요보다 남들의 필요로 먼저 챙긴다. 어떤 교회에도 100퍼센트 이타적인 교인은 없지만 소생한 교회들은 분명 그 방향으로 가고 있었다.

이 태도는 여기서 다루고 있는 많은 행동의 한 원인이다. 건강하지 못한 교회에는 특권 의식에 빠져 자신의 필요만 이기적으로 주장하는 태도가 전반적으로 퍼져 있다. 쇠퇴해 가는 교회의 한 교인은 이 태도를 잘 보여 준다.

"이 교회에서 내 시간을 채웠다. 이제 사람들이 나를 돌봐줄 시간이다."

그의 '시간'은 등록 교인으로서 살아온 시간보다는 감옥에서 복역한 시간처럼 들린다.

소생한 교회들에서는 분명한 변화가 감지되었다. 점점 더 많은 사람이 섬김을 받기보다 섬기기를 원했다. 그들은 "최근 당신이 나를 위해서 무엇을 해주었는가?"라고 묻기보다는 "오늘 내가 당신을 어떻게 섬길 수 있는가?"라고 물었다.

행동 변화 8 : 분노와 비난을 넘어

건강하지 못한 교회에서는 대개 건강하지 못한 패턴이 나타난다. 쇠퇴해 가는 교회에서는 교인들이 문제에 대해서 남들을 탓한다. 주로 목사를 비롯한 교역자들을 탓하면서 시작된다. 그러다가 서로를 탓한다. 어떤 이들은 교회를 한바탕 뒤엎고서 떠나간다. 교회가 쇠퇴할수록 분노와 비난은 점점 더 심해진다.

우리가 소생한 교회들을 해부한 결과에서는 이런 패턴이 바뀐 것을 확연히 볼 수 있었다. 부정적인 소용돌이가 가만히 놔둬도 점점 더 강해지는 것처럼 긍정적인 패턴도 계속해서 자란다. 건강하지 못한 교회에는 분노하고 남들을 탓하는 교인들이 가득하다.

반면, 소생한 교회들에는 서로를 섬기고 격려하는 교인들이 가득하다.

행동 변화 9 : 전도에 대한 무관심을 넘어

전도에 대한 무관심은 우리가 조사한 쇠퇴하고 죽어 가는 교회들에서 가장 흔히 볼 수 있는 질병 중 하나였다. 주기적으로 복음을 전하는 교인은 극소수였다. 대부분의 교인들은 세상과 지역 사회의 필요보다 자신의 필요에 더 관심이 있어 보였다.

소생한 교회들에 주기적으로 복음을 전하는 교인들이 매우 많았다고 말할 수 있으면 좋겠지만, 안타깝게도 건강한 교회에서도 현실은 그렇지 못했다. 하지만 소생한 교회에는 꾸준히 복음을 전하는 교인들이 '몇 명'은 있었지만 쇠퇴해 가는 교회에서는 그런 교인을 거의 찾아볼 수 없었다.

교회들이 계속해서 건강을 회복해 가면서 이 소수가 다수가 되기를 간절히 소망한다.

행동 변화 10 : 변화에 대한 저항을 넘어

건강하지 못한 교회를 한마디로 정의한다면 필요한 변화를 거부하는 교회라고 말할 수 있다. 그런 저항의 동기는 다양하겠지만 그 모든 동기는 늘 해 오던 편안한 방식을 고수하려는 욕구로 귀결될 수 있다. 이런 교회에서는 작은 변화만 추진하려고 해서 많은 교인이 들고 일어선다. 안타깝게도 인생 변화를 위해 복음을 전하는 일에서는 그런 열정이 나타나지 않는다.

소생한 교회들에 대한 해부는 다른 무엇보다도 변화의 관점에서 가장 간단하게 정리할 수 있다. 교회 회복을 위한 간단한 공식은 없지만 한 가지만큼은 분명하다. 변화를 거부하는 교회는 죽음을 향해 치닫고 있는 교회이다. 변화에 대한 열린 태도가 교회의 회복을 보장해 주지는 않지만 변화의 의지 없이 소생하는 교회는 있을 수 없다.

선택은 간단하다. 이것이 우리가 해부 결과 발견한 '이유'이다.

변하지 않으면 죽는다.

변할 것인가, 죽을 것인가

우리는 수년 전 의학 분야의 놀라운 연구를 소개하면서 소생한 교회들의 해부에 대한 보고를 시작했다. 2005년 앨런 도이치먼은 "Change or Die"(변화 아니면 죽음)라는 제목의 〈패스트 컴퍼니〉지 표지 기사를 썼다. 그 기사는 2007년 초에 발표되었다.

앞서 말했듯이 그 기사와 동명의 책이 폭발적인 반응을 얻은 데는 크게 두 가지 이유가 있었다. 첫째, 도이치먼의 연구는 짝을 찾아볼 수 없을 만큼 훌륭했다.

둘째, 결과가 충격적이었다. 삶과 죽음의 선택 앞에서 큰 변화를 단행해야 할 때 대부분의 사람들과 리더들이 죽음을 선택한다는 그의 주장은 전 세계적으로 큰 반향을 일으켰다.

이제 교회의 배경에서 위의 문장을 다시 읽어

보자.

"삶과 죽음의 선택 앞에서 큰 변화를 단행해야 할 때 대부분의 교인들과 교회 리더들은 죽음을 선택한다."

우리 교회들은 이런 이기적인 행동으로 수십 년을 버텨왔다. 교회 안의 문화와 밖의 문화가 충분히 비슷했기 때문에 지역 사회를 섬기기 위해 변화는 필요하지 않아 보였다. 우리 교회들은 어느 정도 건강을 누리는 것처럼 보였다.

하지만 그 건강은 착각이었다. 대부분의 교회들은 세상 문화에 적응하려는 노력 이상을 하지 않았다. 그러다 세상 문화가 교회와 극적으로 달라 보이기 시작하자 대부분의 교회들은 어떻게 반응해야 할지 몰랐다. 그래서 교회들은 폐쇄적인 행동에 빠져들었다. 교회들은 세상 문화를 피하고 교회 문화를 유지하고 싶었다.

하지만 세상 문화를 피하면 지역 사회로 나아가지 않기 시작한다. 지극히 작은 자들을 섬기지 않기 시작한다. 전도하지 않기 시작한다. 교회가 교회 역할을 하지 않기 시작한다. 세상에 완전히 문을 닫은 종교적인 컨트리클럽으로 변해 버린다. 그러다가 죽어 버린다.

교회들이 죽는 것은 지역 사회 섬김을 통해 하나님이 주시는 새로운 생명을 얻기 위해 필요한 변화를 단행하지 않기 때문이다. 이런 교회는 거룩하신 삼위일체 하나님이 아니라 나, 나 자신, 내 것이라는 불경한 삼위일체를 숭배하는 교회들이다.

살기로 선택하라

자, 그렇다면 소생한 교회들에 대한 우리의 해부 결과를 어떻게 마무리해야 할까? 한마디로 정리하자면 소생한 교회들은 살기로 선택했다.

그 선택은 힘들었다. 그 선택은 위험했다. 그 선택의 열매는 때로 고통스러우리만치 느리게 나타났다. 그 선택은 지독히 고통스러웠다. 그 선택은 자신보다 하나님과 남들을 우선시하는 태도를 필요로 했다. 그 선택은 희생적이었다.

하지만 결과적으로 그 선택은 삶의 선택이었다.

"변하지 않으면 죽는다"라는 말은 "변하면 산다"라는 말과 짝을 이룬다.

좋은 소식은, 살기로 선택하는 교회들도 많다는 것이다. 더 좋은 소식은, 그런 교회의 리스트에 한 교회를 더할 수 있다는 것이다. 그 교회는 바로 당신의 교회가 될 수 있다.

Questions

소그룹에서

함께 나눌

질문들

1. 앨런 도이치먼의 연구를 교회에 어떻게 적용할 수 있는가?

2. 왜 교회 안에 음악과 예배 형식을 둘러싼 갈등이 극심한가? 이 갈등의 해법은 무엇인가?

3. 소생한 교회와 건강하지 못한 교회의 예산에는 어떤 큰 차이가 있는가?

4. 복음을 전하는 교인들이 그토록 적은 이유는 무엇이라고 생각하는가?

5. 문화의 변화가 어떻게 많은 교회를 폐쇄적으로 변화시켰는가?

1. Alan Deutschman, *Change or Die* (New York : Collins, 2008), pp. 3-4. 앨런 도이치먼, 《Change or Die: 변하지 않으면 죽는다》(황금가지 역간).

2. '처치앤서즈'(Church Answers)는 매년 몇몇 교단으로부터 문을 닫은 교회들에 관한 데이터를 받는다. 나아가 우리는 1년 안에 문을 닫을 교회들의 숫자를 추정하기 위해 매년 교회들의 성장과 쇠퇴 패턴을 조사한다.

3. '처치앤서즈'(Church Answers)는 매년 몇몇 교단으로부터 출석 교인 숫자에 관한 데이터를 받는다. 나아가 우리는 죽음 직전에 이른 교회들의 숫자를 추정하기 위해 매년 교회들의 성장과 쇠퇴 패턴을 조사한다.

4. 이번 장의 앞에서 인용한 데이터를 근거로 '처치앤서즈'(Church Answers)는 큰 변화들이 이루어지지 않으면 이 정도로 많은 교회가 5년 안에 죽을 것으로 추정한다.